百十土木 继往图新

ENGINEERING THE FUTURE

同济大学土木系科发展图史
A VISUAL HISTORY OF CIVIL ENGINEERING AT TONGJI UNIVERSITY
OVER A CENTURY OF PROGRESS

同济大学土木工程学院
同济大学交通学院
同济大学测绘与地理信息学院
同济大学环境科学与工程学院
同济大学机械与能源工程学院
同济大学档案馆
同济大学校史馆
主编

同济大学出版社・上海
TONGJI UNIVERSITY PRESS・SHANGHAI

图书在版编目（CIP）数据

百十土木 继志图新：同济大学土木系科发展图史 / 同济大学土木工程学院等主编. -- 上海：同济大学出版社, 2024. 10. -- ISBN 978-7-5765-1369-1
Ⅰ. G649.285.1-64
中国国家版本馆 CIP 数据核字第 2024B9S799 号

上海光华教育发展基金会-同济学人图书馆支持

百十土木 继志图新——同济大学土木系科发展图史

同济大学土木工程学院
同济大学交通学院
同济大学测绘与地理信息学院
同济大学环境科学与工程学院
同济大学机械与能源工程学院
同济大学档案馆
同济大学校史馆
主编

责任编辑：陆克丽霞　胡晗欣　｜　**责任校对**：徐春莲　｜　**装帧设计**：完　颖

出版发行：同济大学出版社 www.tongjipress.com.cn
（地址：上海市四平路1239号 邮编：200092 电话：021-65985622）
经　　销：全国各地新华书店
印　　刷：上海安枫印务有限公司
开　　本：787mm×1092mm　1/16
印　　张：14.5　插页3
字　　数：292 000
版　　次：2024年10月第1版
印　　次：2024年10月第1次印刷
书　　号：ISBN 978-7-5765-1369-1
定　　价：188.00元

本品若有印装质量问题，请向本社发行部调换　　版权所有　　侵权必究

百十土木 继志图新

序

  同心同德同舟楫，济人济世济天下。同济大学自1914年开启土木系科教育，始终秉持"兼容并蓄、求实创新"的理念，聚国之所需，育国之栋梁，强国之科技，拓国际朋友圈。在同济大学"与祖国同行，以科教济世"的发展长卷中，秉承兴学强国的办学宗旨，土木系科在党建引领、人才培养、科学研究、社会服务、国际交流、文化传承等方方面面步履坚实，踏石留痕，刻下了一串串隽拔的历史印记。

  峥嵘岁月应有记，回望征程再出发。编撰图史，以图述史，透过珍贵的图片和文字记录，重温历史印记，探寻发展密码，赓续学科精神，发挥引领作用，更高质量地绘就同济发展新篇，以更强劲的学科之力托举新型城镇化战略实施，为全面建设社会主义现代化国家提供坚实有力支撑。

  百十年沐风栉雨，百十年砥砺奋进。回望110年发展轨迹，同济土木系科之演进与国家、民族、社会之发展紧密相依。这其中，有无数动人的故事，也有无数令人骄傲的成就，更有悠悠岁月厚笃积淀的精神财富。土木科创立之初，高等土建工程人才乃当时社会之急需，系科毕业生在我国早期为数不多的高级土木专业人才中多为翘楚。抗战期间，系科师生在颠沛流离中薪火相传，辗转多地坚持办学，传承文脉。新中国成立，同济土木以专业所长奉献服务新中国建设所需。在全国高校院系调整中，同济土木广聚英才、博采众长，逐渐发展成为国内土木系科的"学术航母"。改革开放以来，李国豪老校长引领同济大学开始"两个转变"，土木系科随之调整，发展进入快车道。进入21世纪，伴随着国家建设和经济发展的步伐，土木系科这棵参天大树更加枝繁叶茂。系科坚持在继承中发展、在发展中创新，逐步走进世界舞台中央，持续领跑全球土木工程领域基础理论创新、关键技术突破、高层次人才培养的第一方阵。

  百十土木续风华，向新而行赴未来。面向国家重大战略和未来产业发展方向，同济大学持续进行学科专业的优化与调整，探寻"老树发新芽"的创新之路，推动传统优势学科转型发展。围绕"土木工程领域发展的变与不变"这一富于挑战的时代命题，土木系科向新而进、蹄疾步稳，主动开辟学科新赛道、塑造发展新动能。近年来，面向国家和行业发展新需求，瞄准国家"防灾减灾""韧性城市""城市更新""一带一路""高水平自强自立""新质生产力"等重大战略需求和新时代命题，围绕"低碳·智能·韧性"土木学科创新战略，以"数智化、绿色化、融合化"新时代"三化"赋能学科高质量发展，开展新型能源系统基础设施建设科研攻关、自主研发数字"城"底座助力城市数字治理、开发城市灾害数物融合推演系统、打造学科领域智慧大脑"CivilGPT"、创新工程互联网产教融合实践路径等，加速拔尖创新人才的培养，服务中国式现代化建设。

知史鉴往念前贤，启迪后学著新章。一百一十年的学科史风云激荡、波澜壮阔；一百一十年的育人路英才辈出、挺膺担当，一代代同济土木人拼搏奋斗、争创一流，为国家、为民族、为人民培养了大批可堪大任的社会栋梁与专业精英！在此，要特别感谢那些为同济大学土木系科发展作出贡献的人们，正因为他们的努力和奉献，才有了同济土木今日的成就。图史梳理了百十年来土木系科的发展历程与脉络，翻开画卷，百十年的一幕幕从眼前划过，那些年、那些人、那些事宛如繁星照亮了苍穹，令人深刻感触土木系科发展历史的厚重与时代的活力！

习近平总书记曾强调"一切向前走，都不能忘记走过的路；走得再远、走到再光辉的未来，也不能忘记走过的过去，不能忘记为什么出发"。今天，站在历史与未来的交汇点，同济土木重任在肩、使命催征，我坚信有大家初心如磐、青山咬定的坚强信念，系科发展定能持续转型与提升，为同济大学建设中国特色世界一流大学的奋斗目标贡献力量。愿此书成为传承与创新的纽带，激励后人勇立潮头、勇攀高峰，以奋进之笔，在强国建设、民族复兴新征程上续写更加绚丽的"同济新篇章"。

2024 年 10 月

前言

  1914 年，青岛德华特别高等专门学堂因战乱而停办，30 名土木科学生随同部分教师转至上海同济德文医工学堂，同济为此设立土木科，开始了同济大学土木学科的育人历程。

  办学初期，同济土木以德籍教师为主，采用德国教育体系，注重理论联系实际。20 世纪 50 年代院系调整后，同济土木广聚英才、博采众长。教师队伍中既有欧美著名高校的留学生，又有前苏联专家培养的研究生。参考国外经验并结合中国实际情况，进行教学、研究，为新中国培养了大批土木工程人才。改革开放后，同济土木迎来了科学的春天，广大教师满怀激情全身心投入到科学研究和人才培养工作中。同时，一大批师生走出国门学习欧美及亚洲发达国家的科学技术和教育体系，为赶超世界先进水平积蓄力量。进入 21 世纪，伴随着国家建设和经济发展的步伐，同济土木不断探索现代大学教育方法和办学机制，以科研创新促进教学创新，以教育实践展示科研成果；在工程实践中发现科学问题，用取得的科研成果指导工程实践；在传授知识的同时，培养学生的能力、提高学生的素质、拓展学生的视野。近年来，面对新一轮科技革命和产业变革，聚焦国家战略需求，土木系科持续巩固、调整、转型、提升，以"数智化、绿色化、融合化"赋能高质量发展。

  百十年来，有迁移带来的艰辛，有解放带来的欢欣，有改革带来的希望，有新时代带来的动力，同济土木人始终秉持"兼容并蓄，求实创新"的信念，与祖国同行、以科教济世。

  站在新的历史起点，同济土木人将立足中华民族伟大复兴战略全局和世界百年未有之大变局，全面开启中国特色世界一流大学高质量发展新征程，奋力书写强国建设、民族复兴的"同济答卷"。

PREFACE

In 1914, "Deutsch-Chinesische Hochschule" in Qingdao City was forced to close down due to the World War 1. Thirty students majored in Civil Engineering were transferred to the Shanghai Tongji Sino-German Medical Engineering School, and upon this event, Tongji established the Civil Engineering Discipline, and thus started the centurial course of teaching and cultivation of Tongji Civil Engineering Discipline.

At the beginning, the faculty of the Civil Engineering Discipline was mostly German, and a practice-oriented German education system was adopted and explored. After the college and department rearranged in 1950s, the Civil Engineering Discipline of Tongji University was crowded with elites in the field of civil engineering of the whole nation and epitomized civil engineering education in China. The faculty consisted of not only graduates from renowned universities of European and North American countries, but also students of the experts of the USSR. Combining the education experiences of foreign countries and the practical conditions of China, the Civil Engineering Discipline carried out a series of teaching and research and cultivated a large number of civil engineering professionals for the new China.After the reform and opening-up of the country, the Civil Engineering Discipline of Tongji ushered the spring of science, and the majority of the faculty enthusiastically threw themselves into the work of scientific research and student cultivation Meanwhile, a large number of faculty members and students went abroad to learn the science, technologies, and educational systems of the developed European, North American, and Asian countries, which gathered the strength of the Civil Engineering Discipline for catching-up with the world advanced level. In the 21st century, along with the pace of nation-building and economic development, the Civil Engineering Discipline of Tongji University continued exploring the educational methods and administrative mechanisms of modern universities, to conduct the teaching reform by research innovations, to illustrate academic achievements via teaching practice, to guide the engineering practice with academic research rooted in the engineering practice, and to foster capability, improve personality and expand horizons of the students while imparting knowledge. In recent years, in the face of a new round of scientific and technological revolution and industrial transformation, concentrating on national strategic demands, civil engineering departments have been continuously consolidating, adjusting, transforming and upgrading, and empowered high-quality development with "digital intelligence, greenization and integration".

During those 110 years, the people in Tongji Civil Engineering Discipline suffered from the migration hardships, cheered from the liberation, instigated by the reform and opening-up, motivated by the new era, while one thing persists during all this time, which is the belief cherished by all the people of Tongji Civil Engineering Discipline, that where all coexist and accommodate each other leads to the truth and innovation.

Standing at a new historical starting point, the people in Tongji Civil Engineering Discipline will base themselves on the holistic approach to national security that balances development and security imperatives, and implement the national rejuvenation strategy within a wider context of the once-in-a-century changes taking place in the world, comprehensively embark on a new journey of high-quality development towards building a world-class university with Chinese characteristics, and strive to write a "Tongji Answer" for the construction of a powerful nation and the rejuvenation of the Chinese nation.

目录

上篇 历史积淀
PART I HISTORICAL ACCUMULATION AND CONDENSATION

014　第一章　初创·起承德国的前沿理念（1914—1926）
CHAPTER 1　ESTABLISHMENT: INCURSION OF GERMAN FRONTIER CONCEPTS

　　016　土木溯源　学科初创
　　018　德式传统　精英教育
　　020　国人接办　扩大规模
　　022　注重实践　突出特色
　　025　交流学术　业有所成

027　第二章　国立·土木系科的快速发展（1927—1936）
CHAPTER 2　NATIONAL UNIVERSITY: RAPID DEVELOPMENT OF CIVIL ENGINEERING DISCIPLINE

　　029　改科为系　师资强大
　　031　硬件设备　领先全国
　　033　工程人才　世界认可

035　第三章　动荡·历尽艰难的优才教育（1937—1945）
CHAPTER 3　TURBULENCE: THE ARDUOUS JOURNEY OF ELITE EDUCATION

　　037　战火硝烟　六次迁校
　　039　逆水行舟　潜心问学
　　041　行业精英　报效祖国

043　第四章　复员·办学模式的合理继承（1946—1948）
CHAPTER 4　RESTORATION: REASONABLE INHERITANCE OF SCHOOLING MODES

　　045　回迁上海　保持传统

048　第五章　新生·建设祖国的崭新面貌（1949—1951）
CHAPTER 5　NEW BEGINNINGS: BUILDING A BRAND NEW LOOK FOR CHINA

　　050　迎接解放　建设祖国

052　第六章　崛起·土木系科的规模集成（1952—1965）
CHAPTER 6　ADJUSTMENT: EPITOMIZATION OF CIVIL ENGINEERING DISCIPLINE

　　054　院系调整　土木系科
　　056　名师荟萃　学术融合
　　060　学习苏联　发展特色
　　062　教学相长　学以致用
　　065　科学研究　成绩喜人
　　068　杰出学子　行业精英
　　070　矢志不渝　曲折探索

074　第七章　徘徊·矢志不渝的学术坚守（1966—1976）
CHAPTER 7　WANDERRING: PERSISTENT ADHERENCE TO ACADEMICS

　　076　十年动荡　逆水行舟
　　079　杰出学子　历经淬炼

081　第八章　蓄势·全面赶超的力量积蓄（1977—1986）
CHAPTER 8　ACCUMULATION: STRENGTH BUILD-UP FOR COMPLETE CATCHING-UP

　　083　两个转变　系科归并
　　085　课堂教学　人才培养
　　088　校外实习　社会实践
　　090　实验装备　助力科教
　　091　科学研究　学术创新
　　093　学术交流　拓展视野

095　第九章　突破·加快步伐的建设发展（1987—1996）
CHAPTER 9　BREAKTHROUGH: ACCELERATE THE PACE OF CONSTRUCTION AND DEVELOPMENT

　　096　扩充建院　开拓进取

097　专业建设　追求卓越
100　国重获批　助力发展

下篇　当行出色
PART II　BEING EXCELLENT IN THE FIELD

104　第十章　崭新征程·土木系科的第一品牌
CHAPTER 10　ON A NEW JOURNEY: FIRST BRAND OF CIVIL ENGINEERING DISCIPLINE

105　成立土木工程学院
107　成立交通学院
109　成立测绘与地理信息学院
110　环境科学与工程学院
111　机械与能源工程学院

113　第十一章　党建引领·事业发展的红色引擎
CHAPTER 11　PARTY BUILDING: THE RED ENGINE DRIVING THE DEVELOPMENT OF OUR CAUSE

114　学思践悟　铸魂育人

119　第十二章　名师辈出·厚积薄发的坚实基础
CHAPTER 12　PROLIFERATION OF MASTERS: A SOLID FOUNDATION FOR LONG PREPARED BURST-OUT

121　系科院士
123　国家级人才
126　教学名师

127　第十三章　人才培养·面向未来的卓越人才
CHAPTER 13　TALENT CULTIVATION: FUTURE-ORIENTED ELITES AND TALENTS

129　培养体系
132　课程建设
134　精品教材
137　教师课堂

- 139　实践教学
- 143　学生科创
- 146　中小学科普

149　第十四章　科学研究·立足前沿的学术先锋
CHAPTER 14　SCIENTIFIC RESEARCH: ACADEMIC PIONEERS ON THE CUTTING EDGE

- 151　科研基地
- 158　重大装备
- 160　科研活动
- 165　科研产出
- 169　国际学术奖项

171　第十五章　社会服务·重大工程的技术保障
CHAPTER 15　SOCIAL SERVICE: TECHNIQUE SUPPORTS IN KEY ENGINEERING PROJECTS

- 172　结构工程与防灾减灾工程
- 176　桥梁工程
- 179　隧道工程、岩土工程、地质资源与地质工程
- 182　交通运输工程
- 184　测绘工程
- 185　市政工程
- 186　建筑环境与能源应用工程
- 187　土木学科方向规划

188　第十六章　国内合作·多层发展的协同平台
CHAPTER 16　DOMESTIC COOPERATION: MULTI-LEVEL COORDINATION PLATFORM

- 190　平台建设
- 192　学术交流

194　第十七章　国际交流·覆盖全球的合作网络
CHAPTER 17　INTERNATIONAL COMMUNICATION: WORLDWIDE NETWORK OF COLLABORATION

- 196　国际学术组织任职
- 198　国际学术中心

200 引智计划
202 教师互访
204 国际合作
207 举办国际学术会议
210 学生交流

216 第十八章 土木文化·育人为本的文化氛围
CHAPTER 18 CULTURE IN CIVIL ENGINEERING: CULTIVATION ORIENTED CULTURAL ATMOSPHERE

218 多彩文化 陶冶情操
221 体育运动 强健体魄
223 勇担责任 关注社会
226 情系校园 反哺教育

230 后记 同舟共济·驶向未来的宏伟目标
AFTERWORD SAILING TOGETHER TOWARDS THE FUTURE: APPROACHING TO THE GRAND GOALS

历史积淀

HISTORICAL ACCUMULATION AND CONDENSATION

上篇 PART I

同济大学是我国最早设立土木学科的高等院校之一。1914年中德合办的青岛德华特别高等专门学堂（简称德华大学，Deutsch-Chinesische Hochschule）停办后，同济德文医工学堂为从青岛转来的30名土木专业学生增设土木科，是为同济土木系科教育的开始。110年来，同济土木系科的发展可以分为两个阶段，1914—1996年是同济土木系科的历史积淀阶段，1997年至今为同济土木系科新的发展阶段。

自1914年土木系科初创，由中德两国联合办学，同济以立足国际前沿的办学理念，效仿德国土木工程师的教育模式，开始了我国土木学科高级人才的培养之路；1917年国人接办后，土木系科在科技兴国、富国强民的强烈诉求下，结合我国国情和实际发展需要进行了相应调整；1927年南京国民政府成立后，同济成为第一批国立大学并于1930年建立工学院，土木科改为土木系，在政府强有力的支持和国内外工商界人士的协助下迎来了土木系科的第一个快速发展阶段，各个方面都取得了阶段性成果；1937年抗日战争全面爆发，学校被迫西迁，辗转浙、赣、桂、滇、川等省，坚持办学，土木系科在艰苦的条件下尽量保持办学传统，继续土木学科的优才教育；1946年抗战胜利回迁上海后，学校多方协调资源进行调整，土木系科在上海重新得到恢复和发展；1949年新中国成立后，土木系科发挥专业特长，积极投入到新中国的建设洪流中去，将人才培养和社会服务贯彻始终。

1951年8月开始的土木系科全国调整，使同济大学由一所综合性大学转变为以土木、建筑为主的单科性大学，同济的土木系科集合了光华大学、大夏大学、交通大学、大同大学、圣约翰大学、震旦大学、之江大学、中央美术学院华东分院、中华工商专科学校、上海市工业专科学校、华东交通专科学校等多所院校的土木、建筑学科，使同济成为新中国土木系科的集大成者，在师资力量、硬件设备、专业设置和教学模式等方面都得到了极大的提升，成为新中国土木系科的"学术航母"。从此，同济的土木系科在国家发展需要和政治调控的洪流中，走上了集约化、专业化、特色化、体制化的发展道路。1956—1976年，在全国政治环境的冲击和影响下，同济土木系科的发展尽管受到诸多限制，但同济作为我国土木学科人才培养的最大阵营，在有限的条件下，坚守学术良心、保持传统办学理念、延续重实践的传统教学特色，为国家建设培养了大批工程技术人才。1976年"文化大革命"结束后，在全国改革开放的发展趋势以及学校"两个转变"的发展策略中，土木系科在专业设置、学科发展、师资力量、教学方法、人才培养、科学研究、交流合作等方面不断调整，以积极的姿态和开放的眼界，明确目标，迎来了再次快速发展阶段，为全面赶超世界先进水平奠定了基础。

第一章

初创
起承德国的前沿理念

CHAPTER 1

ESTABLISHMENT: INCURSION OF GERMAN FRONTIER CONCEPTS

1914—1926

  同济大学是我国最早设立土木科的院校之一。同济土木科创办之初，由中德两国联合办学，以立足国际前沿的办学理念，效仿德国土木工程师的教育模式，具有鲜明的德国特征，即以"德籍教师、德国学制、德文教材、德语授课"为特色，注重实践与实习，旨在培养实用型土木工程技术人才。1917年，中国参与第一次世界大战，中德断交，同济改由国人接办，学校名称亦改为"私立同济医工专门学校"，由国人组成的校董会成为学校最高领导机构。国人接办后，土木系科在科教兴国、富国强民的强烈诉求下，结合我国国情和实际发展需要进行了相应调整，进一步扩大办学规模，因实用型人才的培养广受社会各界的欢迎，故得到中德两国政府和工商界人士的大力支持。

第一章 初创·起承德国的前沿理念　　015

左：同济德文医工学堂校门（1914年）；右：1923年毕业纪念册《土木门》

土木溯源 学科初创

1914年第一次世界大战爆发,当年11月,日英联军攻占我国山东被德国侵占的胶澳(青岛)地区。1909年中德合办的第一所大学——青岛德华特别高等专门学堂(简称德华大学)被迫解散,上海同济德文医工学堂为从青岛转来的30名土木专业学生增设土木科,是为同济土木系科之肇始。其中,在青岛读预科尚未毕业者,先安排他们学习物理、化学、数学及图画等课程,第二年再进入土木科。

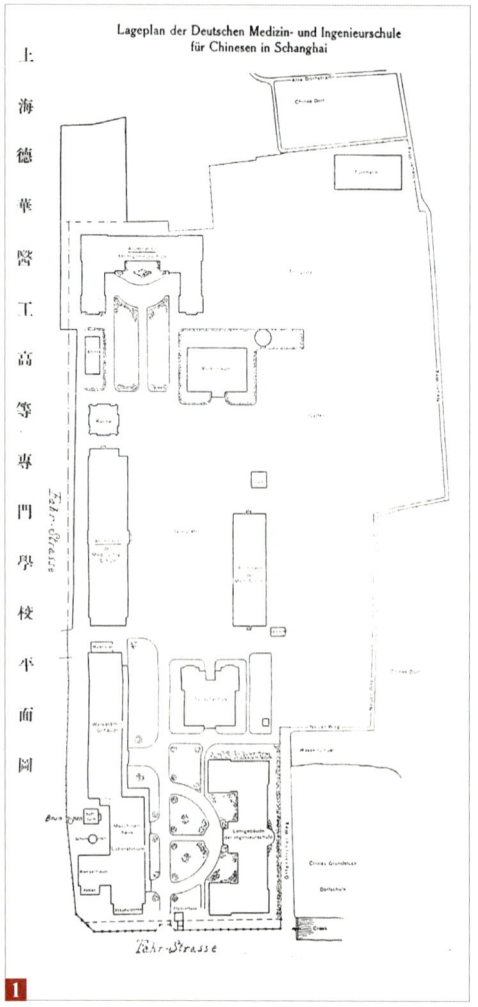

1. 学校规模图(1915年)

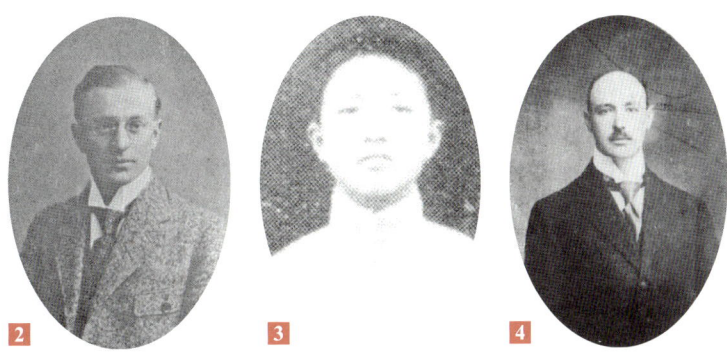

2. 由青岛德华特别高等专门学堂转入同济的德国教师德士烈

3. 1914年由青岛德华特别高等专门学堂转入同济的工科学生沈怡（1901—1980年），著名水利学家。1920年毕业于同济土木科，曾任上海市工务局局长、南京特别市市长

4. 工科监督工程师伯恩哈特·贝伦子（Bernhard Berrens, 1880—1927年），土木科负责人

5. 青岛德华特别高等专门学堂旧址（1909年）

6. 同济德文医工学堂工科讲堂

德式传统 精英教育

土木科任课教师主要为德籍教师,主任为德贵林(G. de Grahl)。1915年,德籍教师德贵林、容固两人合建模型练习所、物理实验所及土木工程模型陈列室。土木科学制原定为三年,经实践学校将学制延长为四年。土木科初创时只有一个班级,1915年,土木科新生增设为甲、乙两个班级。1916年,土木科首届五名学生毕业,分别为武培明、胡振声、钱廷槭、韩嘉椹、谭文庆,他们成为我国自己培养的第一批德式土木工程技术骨干。

1. 德贵林(G. de Grahl)任土木科主任(1914—1917年)

2. 土木科首届毕业生照片(1916年)

3. 工科教职员合影,其中贝伦子为工科监督,德贵林、白德林分别为土木科甲、乙班班主任(1916年)

4. 土木科四年级学生(土木科第二届学生)合影(1916年)

5. 土木科与电工机械科及工艺第三级学生合影（1915年）

6. 土木科课堂

7. 土木工程模型陈列室

8. 工科同志会合影，工科同志会最初由同济工科毕业生组成，后来范围进一步扩大，吸收工程领域相关人员入会，是行业内人员交流学问、联络感情的平台（1916年）

国人接办 扩大规模

1917年3月17日下午，发生了法租界当局强占同济校舍的"三·一七"事件。从3月31日起，土木科学生随校迁往吴淞中国公学、炮台湾海军学校校舍继续学业。1919年，同济在吴淞购地150亩（1亩为1/15公顷），于1920年开始由土木科德籍建筑学教师埃里希·欧白兰（Erich Oberlein）设计新建校舍。第一次世界大战结束后，德国派送到同济的教师质量进一步提高，德国工商界也加强了对同济的支持。至1925年，实习工厂已发展到拥有包括木工场、打铁间、电工间、工作机间、材料试验室等在内的十个生产部门，为土木科学子提供了良好的实习环境，培育了突出的实践能力。

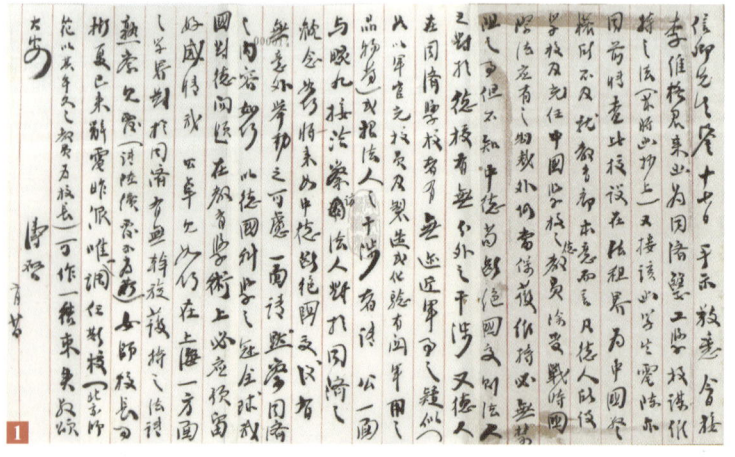

1. 袁希涛就法租界当局出兵强占同济校舍驱逐学生的"三·一七"事件复同济校董虞洽卿函

2. 赴南京请求维持学校的学生代表叶鼎，1915—1919年就读于土木科，曾任同济德文医工学堂工科同志会会长

3. 国人接办后任命的首任校长阮尚介（1890—1960年），字介藩，上海奉贤人，早年留学日本，毕业于德国柏林工业大学造船系

4. 吴淞校舍的设计师、土木科教师埃里希·欧白兰（Erich Oberlein）

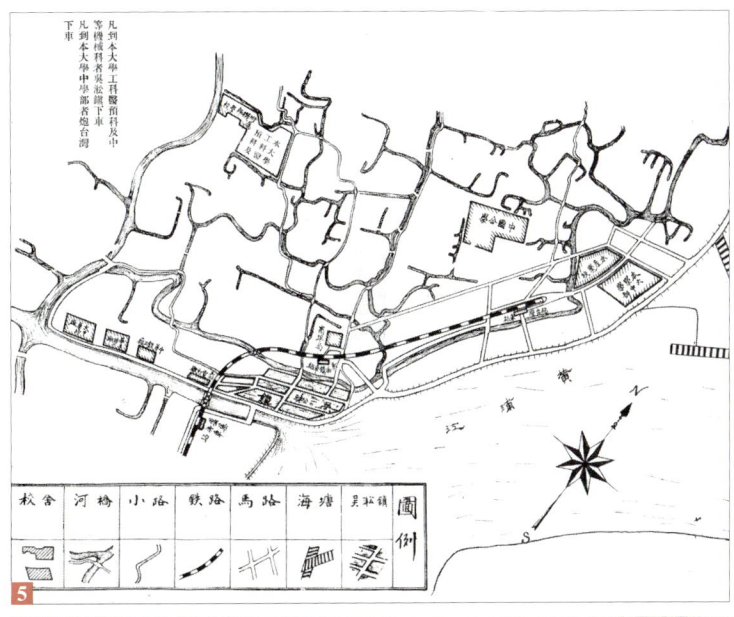

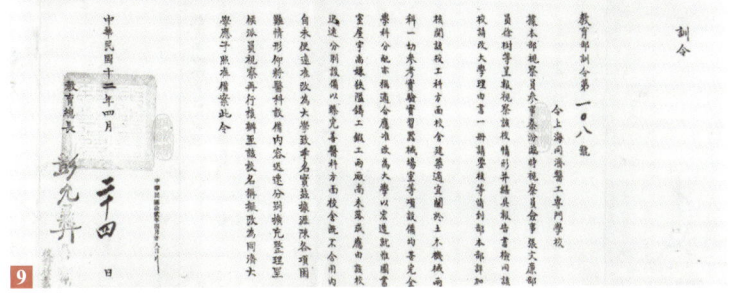

5. 迁入吴淞中国公学后的学校各部分布图，工科大学部在炮台湾海军学校，实习工厂在中国公学

6. 迁校吴淞后，学校更名为"同济医工学校"，图为校门

7. 土木科教室所在（工科教堂，1924年）

8. 同济实习工厂（1924年）

9. 1923年4月24日，北洋政府教育总长彭允彝下达"训令"，令学校更名为"同济大学"

注重实践 突出特色

在华人校董会主持校政期间,土木科继承了创办期的德国教育制度和教学方法,同时结合中国国情,按照学校"教授高深学术、养成专门人才"的办学宗旨开展教学活动。通过校办工厂实习和校外参观来提升学生的实践能力是同济土木教育的一大特色。此间,得益于来自德国工业界和社会各界的捐赠,同济土木系科的设备配置堪称国内一流。

1. 理学博士鲍尔德(Bartelt),教授化学

2. 特许工程师斐禄维(Berlowitz),教授静力学、道路学、测量学和混凝土构造学

3. 特许工程师阚尼格(Kienningers),教授水利学、力学

4. 特许工程师史娄纳(Slotnarin),教授铁道学、桥梁学、铁工建筑学和隧道建筑学

5. 1923年土木科二年级学生欢送埃里希·欧白兰(Erich Oberlein)先生归国合影

6. 1920年工厂管理诺斯(前排中)指导学生实习结束后与学生合影

7. 测量实习

8.《同济大学暂行简章》规定，土木学制改为五年（1922年）

9. 工科毕业生手绘树状结构图，树根为向同济工科输送生源的各中学，主干为同济大学工预科，后按照专业分为土木科、机械科两支分枝，树上所结果实为1923届工科毕业生（1923年）

10. 胡厥文（1895—1989年），近代著名爱国实业家，1919—1921年主持实习工厂，在劳动纪律、财务制度和产品质量方面做了一系列改革，使校办工厂得到迅速发展

11. 同济医工学校木工场陈列室

12. 1921—1924年德国工商界对同济的捐赠清单

13. 学生的工厂参观（1921年6月28日至7月15日）略图

a. 汉阳铁厂

b. 扬子机器公司创办人

c. 汉阳兵工厂

d. 湖北官矿局

e. 汉冶萍公司

f. 武昌第一纱厂

g. 海军鱼雷学校

h. 江南造币厂铸造的中华民国开国纪念币

交流学术 业有所成

1917年国人接管后，同济从医工专门学校开始向大学过渡。随着科研设备的不断完善，科研工作逐步开展，学术氛围逐步形成。《同济》《自觉月刊》《同济杂志》等学术刊物相继创刊。一批教师结合教学和中国国情进行科研工作，促进了全校学术活动的开展。例如，教授建筑学、静力学的贝勒（Alfred Berrer）重视考察中国上古、中古和近代各个时期的工程建设，并写了论文《中国工程之回顾及将来》。

1917—1926年，同济土木科毕业生共有86人。由于同济毕业生理论结合实际，动手能力较强，学术水平较高，所以颇受社会各方的欢迎。1921年在德国留学的建筑、土木科毕业生有8人。

《土木门》中刊载的学术论文列表

序号	论文作者	论文题目
1	Dipl. Ing. Slotnarin, Professor（吴淞同济大学铁路桥梁建筑教授，特许工程师史娄纳著，任晁乾译）	Die Stoesse der Lokomotiven auf Eiserne Bruecken（机车在铁桥上之冲击力）
2	申大礼	火车站、机车房及供水站距离之计算法
3	郭则沛	雪与铁路
4	程镥	轨枕概论
5	李仁荣	现世铁道发展概说
6	谭葆龄	铁路弯线
7	Dipl. Ing. John Berlowitz（特许工程师裴禄维著，张象昶译）	Über die Wirtschaftliche Ausfuehrung von Eisenbetonkonstruktionen（钢筋土建筑之经济谈）
8	申大礼	混合土及铁筋混合土之成分性质计算法及用途谈略

续表

序号	论文作者	论文题目
9	孙海源	钢筋三合土构桥之利害
10	高树信	计划一长四百八十公尺之街市铁桥
11	田金相	桥梁要略
12	张象昀	关于远距离之石质桥梁建筑沿革小史
13	李之铭	任意固定框架之计算
14	朱光彩	势力线（又名关系线）概论
15	张象晟	铁路桥梁增强之略谈
16	谭葆龄	城市之街道
17	宋泐	道路筑建

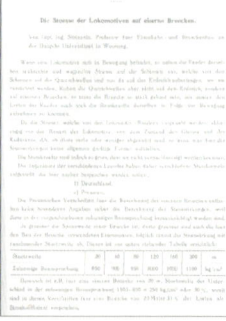

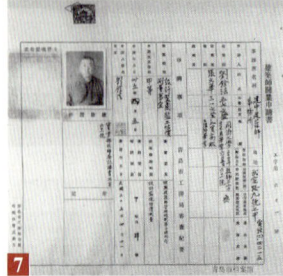
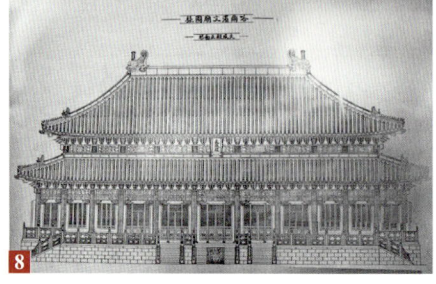

1.《同济》创刊于1918年9月1日，是学校编辑出版的第一种学报，图为中华民国首任教育总长蔡元培为《同济》学报题词

2. 工科毕业纪念册刊载的土木科师生的学术论文（1923年）

3. 郑肇经（1894—1989年），著名学者、水利学家，1921年毕业于私立同济医工专门学校土木科，后留学德国，获德国国试工程师称号

4. 丁基实（1903—1988年），1921年考入私立同济医工专门学校预科土木专业，第一次国共合作期间任国民党上海市第六区党部第三分部书记长

5. 朱光彩（1899—1996年），1922年毕业于同济工科，后留学德国柏林大学，获水利工程硕士、博士学位。1946年任黄河堵口复堤工程局局长时，出色地完成了堵口工程。曾荣获政府嘉奖和中国水利学会最高奖

6. 陆士基（1897—1989年），江苏苏州人，1921年毕业于私立同济医工专门学校土木科。曾任黑龙江省松北市政局工程员、东省特别区行政长官公署技正

7. 刘铨法（1889—1957年），教育家、建筑工程师，1921年毕业于私立同济医工专门学校土木科，图为刘铨法的建筑师开业申请书

8. 同济土木科毕业生陆士基、张象昺主持的哈尔滨文庙项目设计图

第二章

国立
土木系科的快速发展

CHAPTER 2

NATIONAL UNIVERSITY: RAPID DEVELOPMENT OF CIVIL ENGINEERING DISCIPLINE

1927—1936

1927年8月，同济成为南京国民政府确立的首批国立大学之一，在政府的支持和国内外工商界人士的协助下迎来了土木系科的第一个快速发展阶段。此时期，以德籍教授为主的中外师资阵容强大，从德国进口的教学科研设备及实习条件堪称国内一流，被称为"德国科学的一个中心"。学校进一步扩充生源，提高高等土木学科教育的普及化水平；主张"大学学术化"，鼓励研究，提升土木学科在国际学术界的地位。在这些政策的推动下，同济土木学科教育扩大了国内外影响，培育了一批得到世界承认且广受社会好评的优秀学子。

工学会在校全体会员合影（1928年）

改科为系 师资强大

1930年，学校建立工学院，土木科改为土木系。此时期，教授仍以德籍为主（受聘者必须在德国有大学授课资格）。1930年，工科有教师17人，其中德籍老师14人。至1932年9月，学校仍以德文为第一外国语，逐步做到以聘请中国教授为主，全校教员水平和课程质量都有所提高。在工学院任教的中国教授有周尚、唐英、薛祉镐、王葆仁、吴之翰、郭德猷、叶雪安等。1932年，高等测量系成立。

1. 蔡元培为《国立同济大学二十周年纪念册》题词
2. 工科部分毕业班同学赴青岛四方铁路工厂参观学习时，与李斯特教授（左一）合影（1929年）
3. 埃里希·罗鲁（Erich Reuleaux）（1883—1967年），工科改为工学院后首任院长，柏林工业大学工学硕士，卡尔斯鲁厄工业大学名誉博士。1934—1936年在同济大学工学院任教授兼土木系系主任，主讲土木工程学，兼任中国政府铁道部顾问。1937—1952年任达姆施塔特工业大学教授。1953年被授予联邦十字勋章
4. 欧根·弗雷格勒（Eugen Flegler）（1897—1981年），1936年9月—1938年10月在同济大学工学院任测量系教授，1954年7月1日—1956年9月30日任德国亚琛工业大学校长。1977年5月23日被授予德国联邦大十字勋章
5. 工学博士贝勒先生（Dr. Ing. Berrer），教授，工学院第二任院长。讲授静力学、铁筋、三合土、建筑学
6. 工学博士郝士兰先生（Dr. Ing. Hasler），教授。讲授水力学、市政工程、建筑学、测量学
7. 工学院副教授薛祉镐，1924年毕业于同济土木科，曾任同济大学教务长
8. 工学院副教授唐英，毕业于德国柏林工业大学，建筑师，原国立劳动大学工学院院长

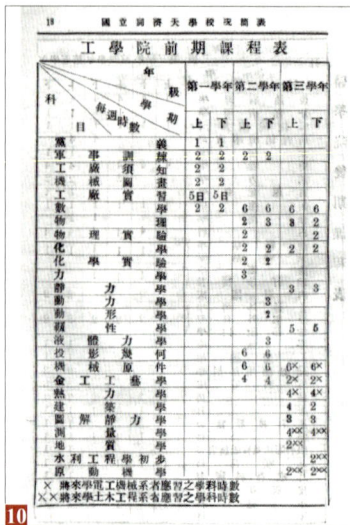

9. 各院教员名录（1929年）

10. 工学院课程表（1929年）

11. 土木系课程时间分配表（1934年）

硬件设备 领先全国

1932年"一·二八"淞沪抗战爆发,同济大学大礼堂、实习工厂等主要建筑物被毁,损失严重,但在全校师生的努力下,经过半年抢修,被毁校舍恢复旧貌,学校继续发展。至1937年,实习工厂占地4500平方米,内有木工场、焊工场、铸工场、钳工场、锻工场、淬火工场、机器工场和圬工场各一所,还设有水利试验馆、材料试验馆、测量馆等专业试验室,是学生实习和教师进行科学研究的主要场所。

1. 被日军轰炸后的实习工厂内景
2. 师生收集被炸毁的校舍材料,组织校舍修复工作
3. 修葺一新的校舍全景图(1933年)
4. 水利试验馆中的活动水堰。经过三种不同的活动堰,可将水面升至三种不同的高度,这种活动水堰在国内属首创

5. 材料试验馆，占地500平方米，内分钢铁强性试验部、金属显微室、钢骨水泥试验部和钢铁化验部四个部分

6. 测量馆，于1937年建成，仪器设备分为大地测量、摄影测量和复照制版三部分

7. 木工实习

8. 建筑结构实习（1934年）

9. 铁道模型

工程人才 世界认可

此阶段的学术创新,主要以"科研助实业"为指导思想。1930年3月1日,《工学会季刊》创刊,"鼓吹建设之思潮,阐明科学之原理,苟能焕发精神,锲而不舍,将有裨于工业"。1931年7月,工学院创办《国立同济大学工学院报告》,每期2000份,分送至国内外有关研究院(室)和图书馆。至1937年5月18日,共出版了8期,发表师生学术论文共61篇。

1936年4月1日,柏林德国工程师学会给同济来函,承认同济大学工学院毕业生与德国工业大学毕业生具有同等学历资格,同时也为该学会上海分会的正式会员,这体现了国外对同济大学毕业学生的认可。由于学院对学生严格要求,学风端正,加以学校实验、实习设备也较完善,毕业生投入工作后能很快上手,因此受到各地好评,对社会作出了一定贡献。

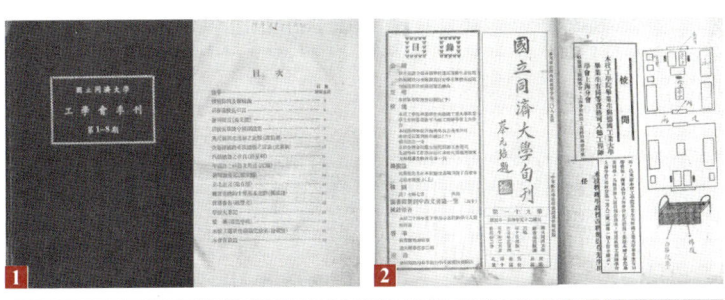

1. 《工学会季刊》合订本封面及第二期目录
2. 《国立同济大学旬刊》1936年4月1日刊载的"本校工学院毕业生与德国工业大学毕业生有同等资格"的报道
3. 《同济月刊》创刊号所载"同济学会成立纪念摄影"照片

4. 李国豪（1913—2005年），1936年毕业于同济大学工学院土木系，1940年获德国达姆施塔特工业大学工学博士学位。在同济先后任土木系系主任（1946—1952年）、工学院院长（1948年7月起）、教务长（1952年起）、副校长（1956年起）、校长（1977—1984年），中国科学院院士，中国工程院院士

5. 倪超（1905—1996年），1933年毕业于同济大学工学院土木系，获德国汉诺威工业大学工学博士学位，1971—1978年任台湾成功大学校长

6. 张继正，1918年生，国民党元老张群之子。1937年毕业于同济大学工学院土木系，后赴德国和美国留学，1942年获博士学位。曾任台湾大学教授以及台湾"交通部"部长、"财政部"部长、"行政院"秘书长、"中央银行"总裁等职

7. 叶雪安（1905—1966年），1929年毕业于同济大学土木科。1933年公费留学德国，学习测量，1937年回国任教于同济大学测量系，中国大地测量学科奠基人和高等测绘教育的开拓者之一

8. 国立同济大学工学院土木工程系廿九年度毕业同学纪念

9. 1930年6月同济工学会欢送本届土木机械二科毕业摄影

第三章

动荡
历尽艰难的优才教育

CHAPTER 3

TURBULENCE: THE ARDUOUS JOURNEY OF ELITE EDUCATION

1937—1945

1937年抗日战争全面爆发。在全面抗战期间，土木系随学校六次迁移，辗转几千里，在浙、赣、桂、滇、川等省流离转徙，坚持办学，冒着日寇飞机轰炸袭击的危险，克服种种艰难险阻，在战乱中坚持开展教学工作。在此期间，土木学科得到局部发展，并且沿途毕业、沿途招生，继续土木系科的优才教育，为我国西南地区培养了大批专业人才，为西南地区的土木建设和学科发展作出了重要贡献。

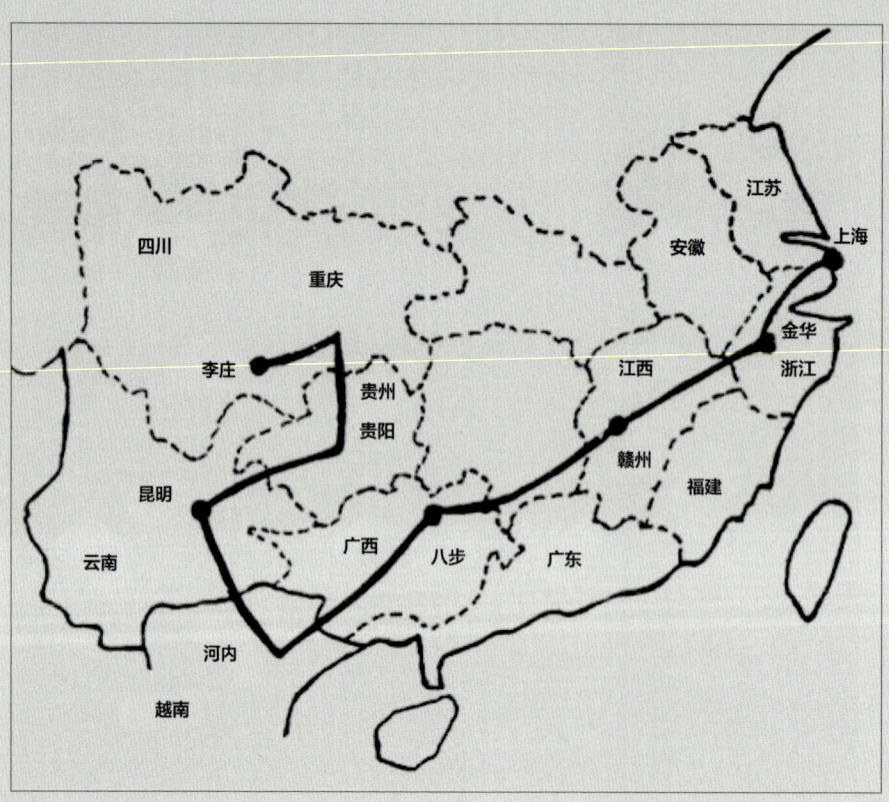

校友徐为康手绘的六次迁校示意图

战火硝烟 六次迁校

1937年8月13日,日军在上海发动"八·一三"事变。此后,同济大学校园遭到日军多次轰炸,尤其8月28日、29日,日本飞机接连轰炸上海吴淞地区,学校大礼堂、工学院、电机馆、材料试验室、实习工厂、教授住宅及学生宿舍等建筑物均遭到毁灭性破坏,校园完全被毁。

吴淞校园被炸毁后,土木系师生被迫离开了苦心经营20年的校园。全面抗战期间,土木师生随同济大学历经六次迁校,辗转沪、浙、赣、湘、粤、桂、滇、黔、川九地以及越南。

1. 大礼堂被炸为一片废墟
2. 实习工厂惨遭炸毁
3. 中外简报刊载同济大学被炸毁的消息
4. 德国杂志 *Ostasiatischer Beobachter*(*NSDAP-Zeitung*)刊载的关于同济大学被轰炸的报道(1937年11月)

5. 在浙江金华的校门

6. 江西赣州通天岩上的"同济"石刻（1938年）

7. 在广西贺县八步镇的校舍

8. 在昆明富春街的校舍

9. 35周年校庆时的工学院大门（1942年）

10. 李庄时期，土木系毕业学生与老师在东岳庙前合影

逆水行舟 潜心问学

土木系学制原为五年，1942年起改为四年。土木系的学程总则以造就工程上之高级人才为主旨，课程先授以基本学科及与工程有关之学术，次及工程原理，渐及工程上之专门知识。教授方法、授课及练习外兼重实习与试验，借收融合理论与经验之效。

1942年，在土木系编印的《国立同济大学工学院土木系三十一周年纪念刊》中，发表了余家洵的《水利与近代水利工程》、倪超的《海洋交通与二次世界大战》、罗云平的《新时代的道路是诞生滋长在中国》、朱振德的《定式桁梁影响线之另一作图法》、房广猷的《矩形河槽中之水跃》等学术论文。

1. 1939—1940年，陈士骅任土木系主任
2. 1940—1945年，余家洵任土木系主任
3. 1945—1946年，刘百铨任土木系主任
4. 1939—1940年，学校聘请拥有桥梁、铁路设计经验的林同炎担任兼课教师
5. 国立同济大学工学院课程时间表（1945年10月）

土木系	
李庄时期土木系部分科研成果	王恒守：《浮游选矿剂两种》获教育部1942年全国应用科学类学术发明二等奖
	王志鹄：《荆峪沟土壤之性状与水土保持》获教育部部1945年全国应用科学类学术发明三等奖

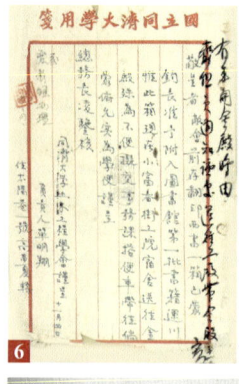
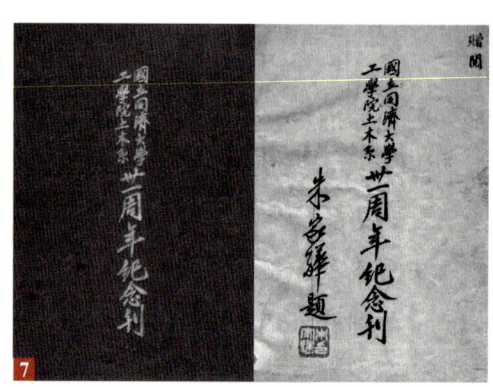

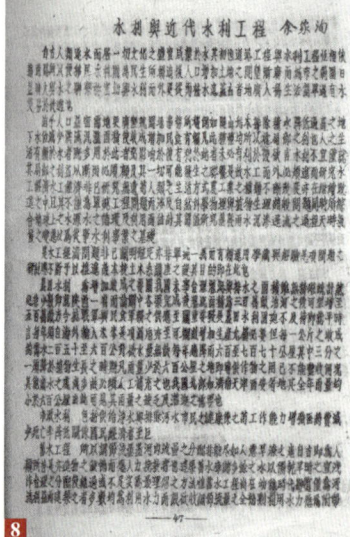
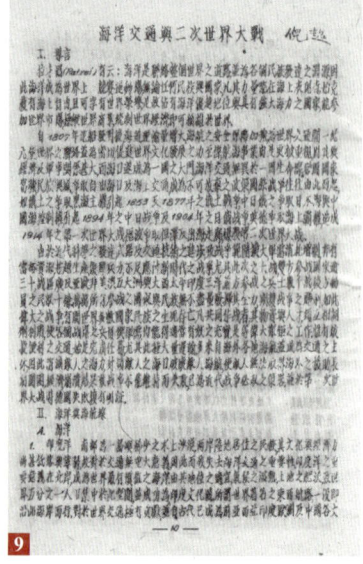

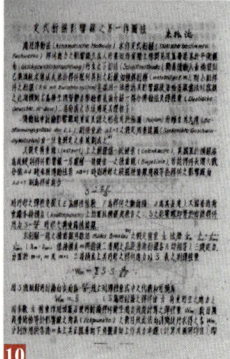
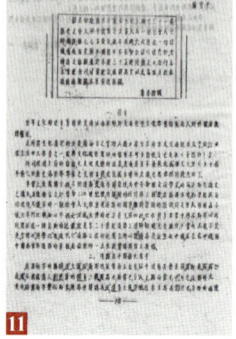

6. 1939年4月在昆明成立了国立同济大学土木工程学会，出版定期刊物，交流学术成果。图为土木工程学会信函

7. 1942年，土木系编印的《国立同济大学工学院土木系三十一周年纪念刊》（同济土木科始建于1914年，但土木系的前身为1911年建校的青岛德华高等专门学堂土木科，故按照1911年建系算起，三十一周年为1942年）

8. 余家洵的学术论文《水利与近代水利工程》

9. 倪超的学术论文《海洋交通与二次世界大战》

10. 朱振德的学术论文《定式桁梁影响线之另一作图法》

11. 罗云平的学术论文《新时代的道路是诞生滋长在中国》

12. 房广猷的学术论文《矩形河槽中之水跃》

行业精英 报效祖国

在李庄时期，国立同济大学土木工程学会仍继续组织活动。土木系在这一时期，毕业人数逐年增加：1941 年 8 人，1942 年 11 人，1943 年 14 人，1944 年 26 人，1945 年 51 人。

1. 同济土木毕业学生就业志愿表（1943 年）

2. 俞载道（1920—2013 年），浙江奉化人，1944 年毕业于同济大学工学院土木系，历任同济大学讲师、副教授、教授、海洋工程与海洋地质研究所所长

3. 张浩，1920 年生，1944 年毕业于同济大学工学院土木系，北京市建筑设计研究院副院长、副总工程师，人民大会堂结构设计负责人之一

4. 江可宗（1918—1997 年），江西临川人，1941 年毕业于同济大学工学院土木系，力学教育家，建立了上海交通大学流体力学教研室，上海力学学会筹建人

5. 史惠顺，1926年生，1943年毕业于同济大学工学院测量系，台湾成功大学测量工程学创始人、工学院院长

6. 高时浏，1915年生于福建福州，1941年毕业于同济大学工学院测量系，到达磁北极的第一位中国人，测量学家、教育家，右图为高时浏1950年就职于加拿大联邦大地测量局天文科期间，进入北极圈执行勘测任务所使用的加拿大地图

第四章
复员
办学模式的合理继承

CHAPTER 4

RESTORATION: REASONABLE INHERITANCE OF SCHOOLING MODES

1946—1948

抗日战争胜利后,学校开始部署回迁上海。经过一年多的辗转,1946年新学年在上海开学。土木系科所在的工学院位于其美路(今四平路),现同济大学四平路校本部。虽经历多年战乱,学校办学规模依旧略有扩大。自1948年起,土木系在四年级分为道路、结构、水利三组,其教育制度和教育方式仍保持着传统特色,学风严谨,注重求实。

土木系科所在的工学院大门（其美路，今四平路）

回迁上海 保持传统

回迁上海后,同济土木系科的教育制度和教育方式仍保持着传统特色,学制为四年,学风严谨,注重求实。土木系系主任为李国豪,专任教授有江鸿、吴之翰、丁燮和、周源桢、刘先志、刘允年、胡兆瑛、金经昌、郭汝铭、唐英、蒋铁珊、冯纪忠、谢家泽、韩布格(Hamburger),兼任教授有刘宅仁。土木系还积极筹划成立测量馆、材料试验馆,并建立土工试验室和力学模型实验室。

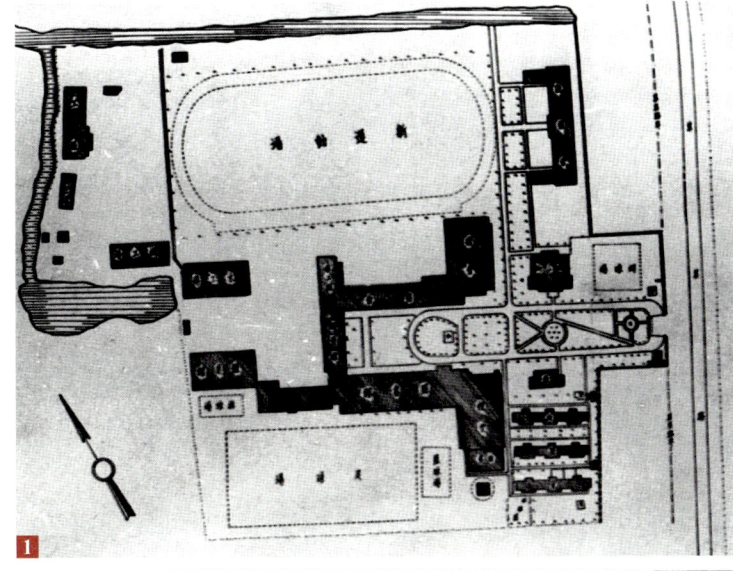

1. 回迁上海后的同济大学工学院平面图
2. 工学院教室

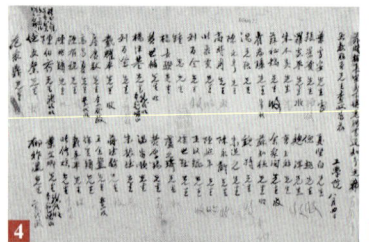

3. 工学院"一·二九"大楼

4. 工学院教授名录

5. 李秉成在美国 Civil Engineering（1948年4月，第30~35页）杂志上介绍中国铁路建设技术（1948年）

6. 李国豪，1946—1952年任土木系系主任，1948年7月任工学院院长

7. 土木系教学实景

8. 学生上课及自习实景

第四章　复员·办学模式的合理继承

9. 实习与考察

第五章

新生
建设祖国的崭新面貌

CHAPTER 5

NEW BEGINNINGS: BUILDING A BRAND NEW LOOK FOR CHINA

1949—1951

1949年5月27日，上海解放。6月25日，中国人民解放军上海市军事管制委员会（以下简称军管会）接管同济大学。1949年10月1日，中华人民共和国成立。自此，同济大学成为中央人民政府高等教育部直属院校，同济大学的发展迈入了崭新阶段。

工学院 1950 级全体同学与同济大学校务委员会主任委员夏坚白教授、同济大学工学院院长李国豪教授合影

迎接解放 建设祖国

1949年5月27日,上海解放,同济大学的发展迈入了新时代。8月1日,同济大学校务委员会成立。常委九人中有李国豪(工学院院长)、翟立林(讲师助教代表)、夏正行(学生代表)。8月3日,校务委员会第二次会议任命李国豪兼任土木系系主任,新聘了著名水利学家郑肇经等知名学者。

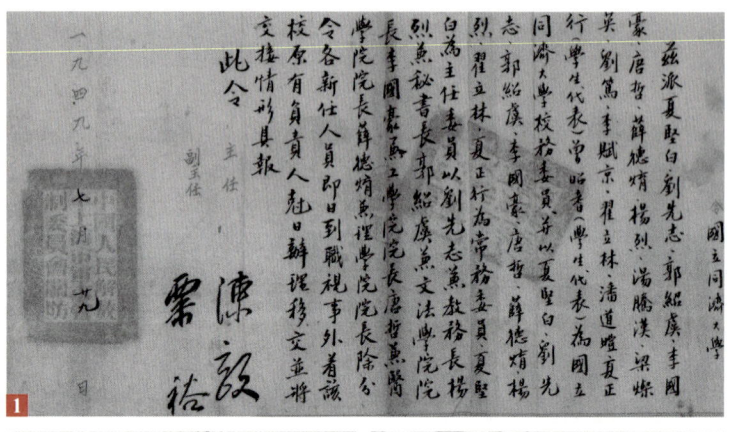

1. 陈毅和粟裕联署的军管会接管同济大学的命令

2. 上海市军管会接管同济大学(1949年6月25日)

3. 同济大学四十四周年校庆

4. 同济先后派出土木系和测量系400多名师生参加治淮工程(1951年9月)

1916—1949年同济大学工学院土木系历届毕业生人数表

年份	1916	1917	1919	1920	1921	1922	1923	1924	1925	1927	1929	1930	1931	1932	1933	1934
人数	5	5	12	10	12	7	14	3	9	9	4	10	3	7	6	8
年份	1935	1936	1937	1938	1939	1940	1941	1942	1943	1944	1945	1946	1947	1948	1949	
人数	5	5	9	6	20	9	8	11	14	26	52	21	31	37	40	
共计	418人															

1949年土木系教师人数：教授8人、副教授3人、讲师1人、助教8人。土木系学生人数：注册人数160人、毕业人数40人、未登记人数16人，复课后登记实有人数104人。1949年，土木系赵清澄和高佩荪成为第一批获得本校工学学士学位的女同学。土木系毕业生大部分服务于工厂及公用事业部门，成为新中国土木工程建设领域的中坚力量。

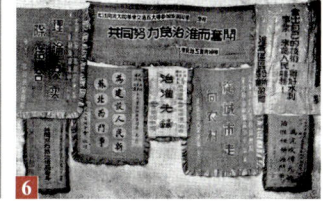

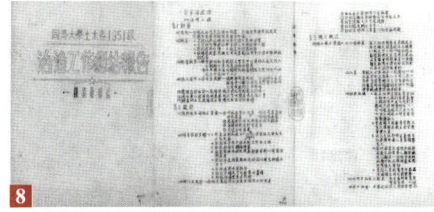

5. 同济学子在废黄河故道杨庄草坝测量

6. 淮河两岸人民授予同济师生的部分锦旗

7. 运堤护岸工程及涵洞

8. 同济大学土木系1951级治淮工作总结报告

9. 工学院首届女毕业生，土木系1949届高佩荪

10. 工学院首届女毕业生，土木系1949届赵清澄

11. 同济师生参加淮阴船闸施工

第六章

崛起

土木系科的规模集成

CHAPTER 6

ADJUSTMENT: EPITOMIZATION OF CIVIL ENGINEERING DISCIPLINE

1952—1965

1952年8月至9月，全国高校根据中央统一部署进行院系调整。1952年，同济大学土木系的水利组调整到南京的华东水利学院；8月间，交通大学、大同大学、圣约翰大学、震旦大学、之江大学、中央美术学院华东分院、中华工商专科学校、上海市工业专科学校、华东交通专科学校，以及清华大学、浙江大学、南京工学院、厦门大学等高校的土木、建筑、桥隧、公路、铁路、测量等专业的系、科、组先后调整到同济大学。全国土木行业的精英教师汇聚同济大学，使同济大学成为新中国土木系科的集大成者，在师资力量、硬件设备、专业设置和教学模式等方面都得到了极大提升，成为新中国土木系科的"学术航母"。从此，同济大学的土木系科在国家发展需要的洪流中，走上了集约化、专业化、特色化、体制化的发展道路。

第六章 崛起·土木系科的规模集成

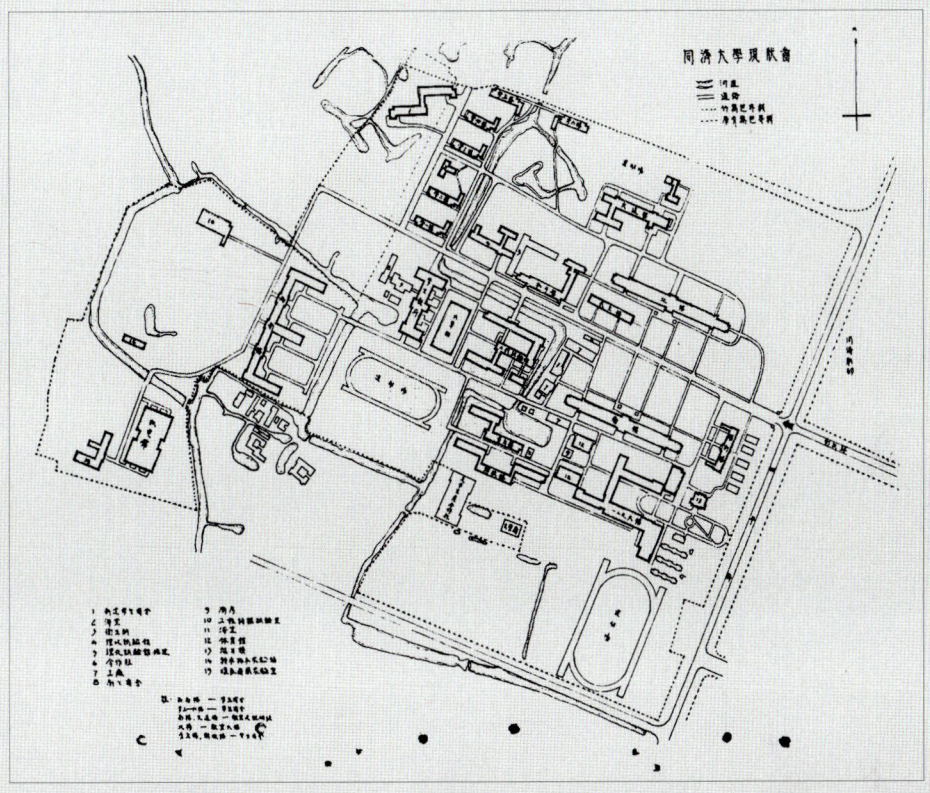

同济大学校区平面图（1952年）

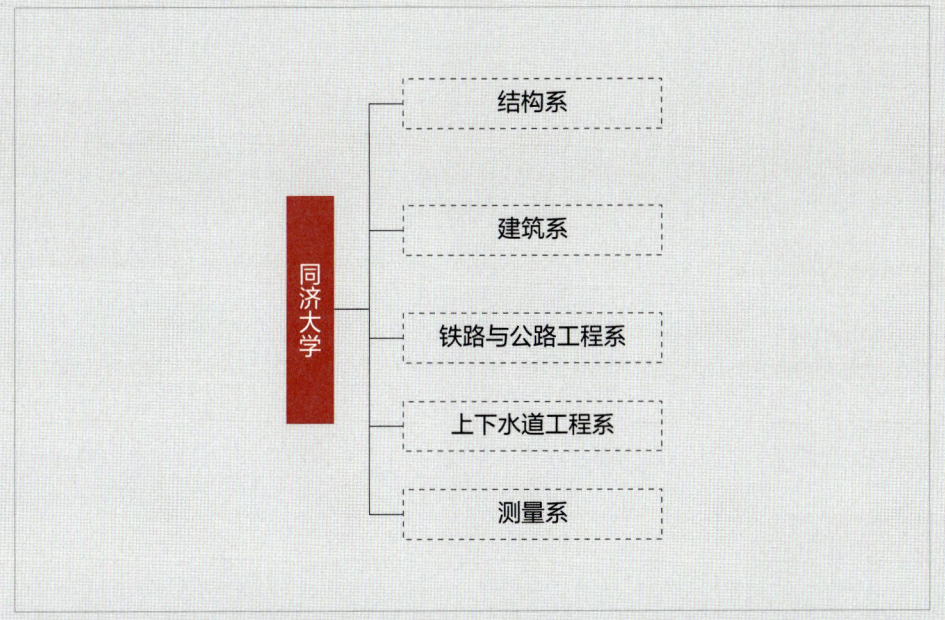

院系调整后同济大学系所设置情况简图（1952年）

院系调整 土木系科

院系调整后，同济大学组建成立了新的土木系科，整合为结构系、测量系、建筑系、上下水道工程系以及铁路与公路工程系五个系，十个本科专业，八个专科专业，其他专业停招，成了以土木、建筑为主的单科性大学。

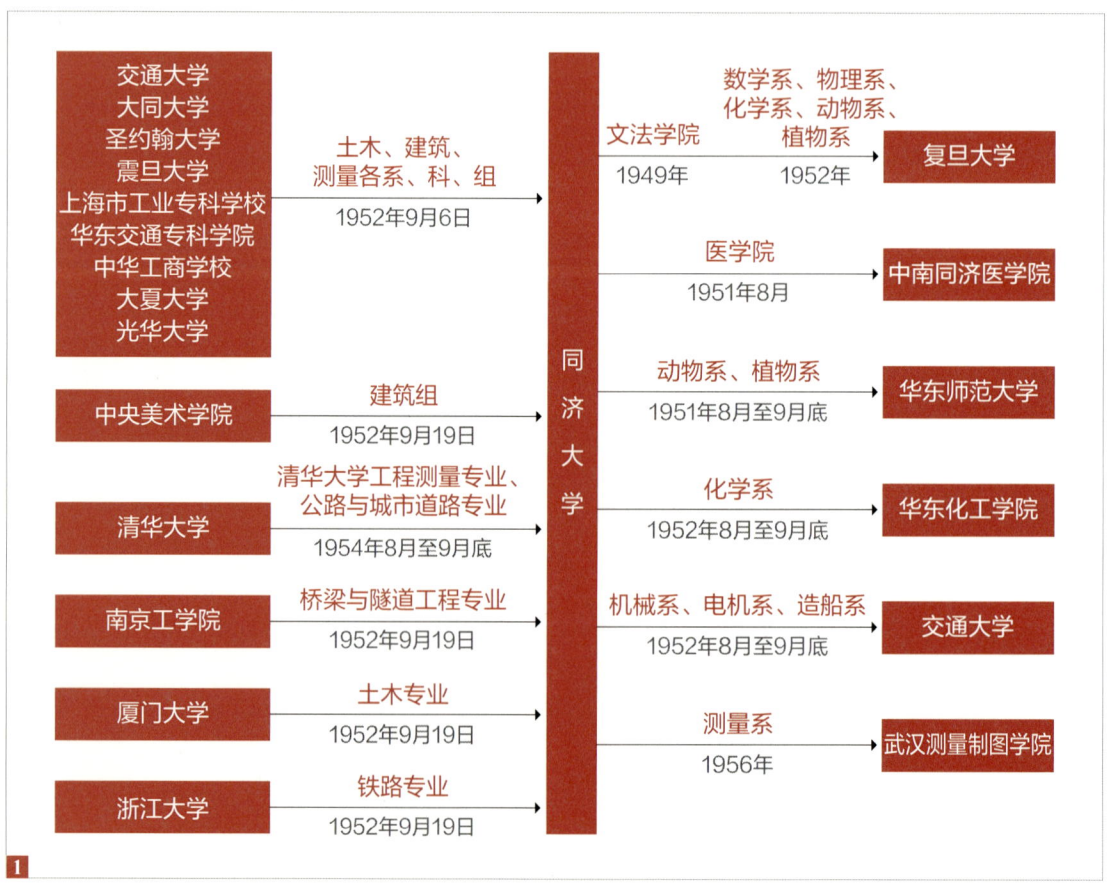

1. 1949年至1956年同济大学院系调整示意图。图片来源：《同济大学百年卓越工程教育图史》

第六章　崛起·土木系科的规模集成

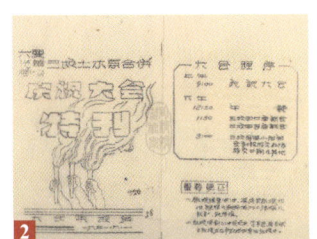

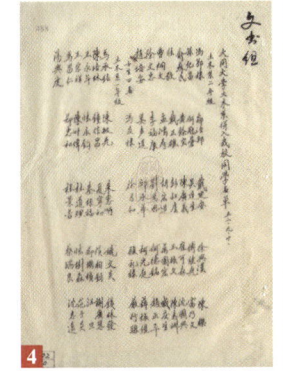
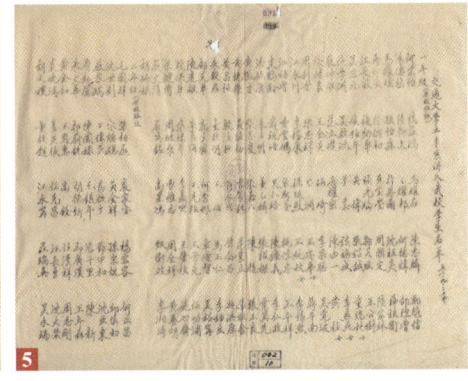

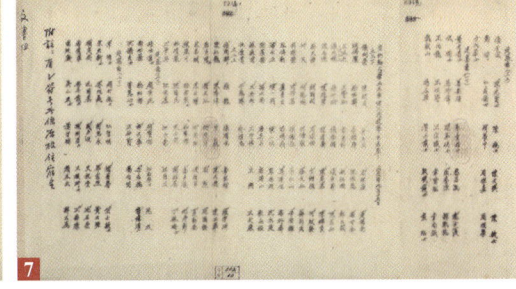
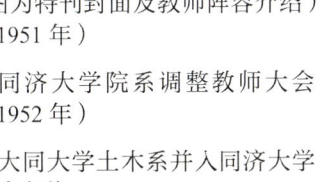

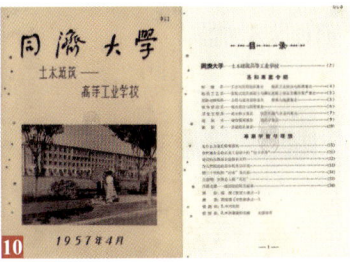

2. 大夏大学、光华大学和同济大学三校土木系合并庆祝大会特刊（图为特刊封面及教师阵容介绍）（1951年）

3. 同济大学院系调整教师大会（1952年）

4. 大同大学土木系并入同济大学学生名单

5. 交通大学土木系并入同济大学学生名单

6. 震旦大学土木系并入同济大学学生名单

7. 圣约翰大学土木系并入同济大学学生名单

8. 在大草棚举行新学期的开学典礼（1952年9月）

9. 土木系欢迎校友参观的黑板报

10. 院系调整后，学校实际成为"土木建筑高等工业学校"，图为1957年印发的介绍同济大学的图书

名师荟萃 学术融合

院系调整后，同济大学土木系科汇集了众多著名教授和学者（包括一批曾留学德、英、美、法的学者）。他们学有造诣，又富教学、科研经验，在很长一段时间内作为教研等各项工作的主力，且带动青年教师成长，为土木系科奠定了发展的基础。

1956年国家确定的一级教授

李国豪 教授
1955年被选聘为首批中国科学院学部委员（院士）
1994年当选为中国工程院首批院士

夏坚白 教授
1956年被选聘为中国科学院学部委员（院士）

叶雪安 教授

王之卓 教授
1980年被选聘为中国科学院学部委员（院士）

陈永龄 教授
1980年被选聘为中国科学院学部委员（院士）

1956 年国家确定的二级教授

1956 年国家确定的三级教授

江之永 物理	 孙青羊 画法几何	 张国隆 数学	 丁燮和 土木工程
 马地泰 铁路工程	 王兴 力学	 朱振德 土木工程	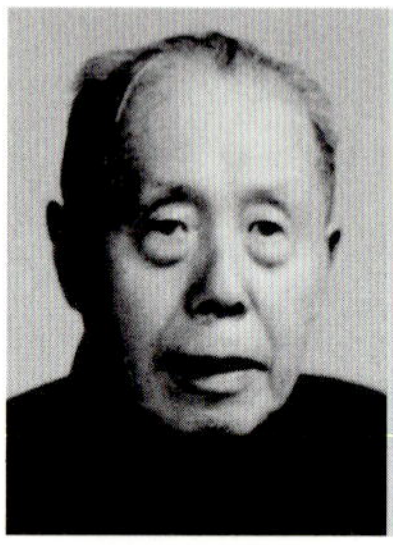 庄秉权 土木工程
 陈超 土木工程	 吴沈钇 暖通空调	 周方白 建筑美术	 周念先 桥梁工程
 张问清 土木工程	 金经昌 城市规划	 祝永年 土木工程	 黄家骅 土木工程
 黄蕴元 建筑材料	 曹敬康 土木工程	 谢光华 给排水	蒋汉文 热工学

李寿康 土木工程	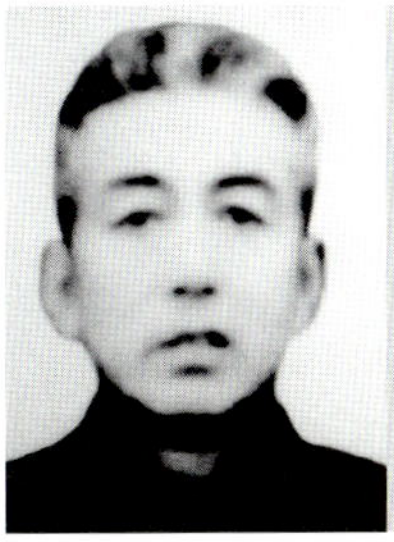 翁朝庆 道路工程	 黄作燊 建筑学	 许应期 铁路工程
 裴冠西 土木工程	 杜庆萱 铁道工程	 黄学渊 道路工程	 郑大同 岩土工程
 胡家骏 给排水	 薛卓斌 水利工程	 俞 征 结构力学	 张景丰 铁路工程

三级教授还有：潘承梁（铁路工程）、孙绳曾（土木工程）、关富权、哈雄文（建筑学）

此阶段任教于同济，后被评为院士的教师

张 煦 （1913—2015年）1949—1956年在同济大学任教（兼职），中国科学院院士

沙庆林 （1930—2020年）1952—1954年在同济大学任教，中国工程院院士

戴复东 （1928—2018年）1952年南京大学工学院建筑系毕业后任教于同济大学，中国工程院院士

学习苏联 发展特色

自 1952 年下半年起，全国高校全面学习苏联的教学体制。1954 年 10 月，苏联专家陆续来校，担任校、系专业顾问，对教学、科研工作进行指导。学校组织了大批骨干教师，翻译出版苏联教材，并根据我国的实际情况，在培养目标、专业设置、教学计划、教学大纲、课程设置、教材内容、教学方法和教学组织等方面作了较大调整，形成独具特色的专业教学模式。

1. 道路教研室教师与苏联专家合影（1956 年）

2. 苏联专家萨多维奇（Saduoweiqi，前排左四）来校工作合影，前排左三为结构系系主任王龙甫教授，前排左五为结构系系副主任黄蕴元教授，后排左一为结构系系副主任张问清教授

3. 为聘请苏联专家，1954 年学校选派专业教师九人为业务翻译员，前往上海俄文专科学校培训，俄专委派外籍教师二人进行小班教学。照片中后排左起：江景波、曹善华、俄语老师、孙钧、袁国干、李青岳；前排左起：朱照宏、郑伟宗、赵骅、皮明才

4. 解放后同济大学第一批由苏联专家维托希金（Vitohin）指导的副博士研究生和研究生合影（后排左五为维托希金、左六为黄蕴元教授、右三为翻译专家汪定国；副博士研究生：后排左一为江景波、后排左四为曹善华、后排右二为田名誉；后来留校的研究生：后排左三为张誉、前排右二为曲则生）

5. 苏联专家克·涅亚席夫在给教师们上课

6. 土木系施工组织与计划苏联专家维托希金（Vitohin）及翻译汪定国同教职工交流讨论

7. 道路与桥梁工程系毕业设计经验交流会（图中演讲者为陈本端教授）（1956年）

8. 地下建筑教研室初创时教师合影（前排左一孙钧、中间潘昌乾；后排左起张庆贺、候学渊、杨林德）

9. 结构系教师用模型讲解钢结构

10. 结构系同学们用万能机做木的弯曲试验

11. 木撑架桥模型

12. 水利实验室

教学相长　学以致用

新中国成立后，百废待兴。以知名教授牵头的土建各专业，师资队伍充实，教学态度认真。学校不时邀请各专业领域内的知名学者来校作讲座，在培养方法上继续秉持课堂学习、工厂操作和课外实习相结合的原则，呈现出朝气蓬勃的气象。

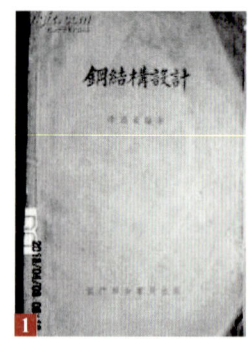

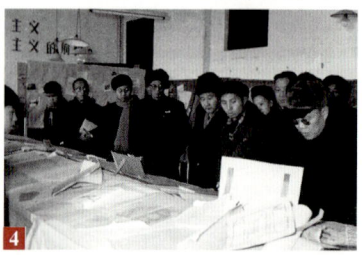

1. 李国豪教授编撰出版的我国最早的桥梁专业中文教材《钢结构设计》（1952 年）

2. 铁路系李秉成教授在毕业设计经验交流会上作报告（1956 年）

3. 周念先教授（中）辅导学生毕业设计（1950 年代）

4. 学校教育展（前排：右一李国豪、右三周念先、右四教务长龚雨雷、右五石洞、右六吴之翰、右七徐振元；后排：右二童大坝）（1950 年代）

5. 同济学子在认真学习

6. 学生实践

7. 道路与桥梁工程系本科生姚祖康毕业设计答辩（1956年）

8. 毕业设设计答辩

9. 工民建专业首届函授生毕业典礼

10. 工民建毕业考试

11. 师生们在工程试验馆前参加挖河泥劳动

土木系曾设工程事务所，1950年1月改组后由冯纪忠担任设计室主任。土木系师生参与设计和建造了和平楼、民主楼、解放楼、青年楼、学一楼至学六楼、同济新村教工宿舍以及食堂、浴室和铸工间等一大批极具特色的校园建筑。1953年，学校成立校舍设计处，部分教师和建筑学毕业班学生参与设计华东地区多所院校校舍。

12. 吴景祥、戴复东、吴庐生合作设计的中心大楼（结构设计张问清、李寿康、郑大同、范家骥、叶书麟、董振祥），即今天学校的南楼、北楼，是学院派代表作，建筑外貌简洁匀称，具有中西合璧式古典建筑韵味（1955年）

13. 李德华、王吉螽、陈琬、童勤华、赵汉光、郑肖成等教师合作设计的同济工会俱乐部。该建筑采用现代建筑空间处理手法，1993年中国建筑学会庆祝四十周年时授予该作品"中国建筑学会优秀建筑创作奖"（1956年）

14. 黄毓麟和哈雄文设计的文远楼，是我国最早也是唯一的典型包豪斯风格建筑，被列为第四批受保护的"上海市优秀历史建筑"，被载入《世界建筑史》和《中国建筑史》（1953年）

科学研究 成绩喜人

院系调整的同时,相应学科的教学实验设备也被一并调整。学校先后成立了材料试验馆、工程试验馆、暖通实验室、道路材料实验室、结构实验室、水工实验室等,为教学及科研工作提供基础。1954年,学校成立专门的科研管理机构。随着科研制度的不断完善,科研交流活动日益频繁。1955年11月,同济大学召开上海高校第一次学生科学技术讨论会,会上报告了60名本科生和8名研究生的研究成果。1956年5月,同济大学召开49周年校庆暨学校第一次科学讨论会,全国110多家单位及800多名代表参加了会议。此外,学校不定期举行各种研讨会、成果展览会,师生们交流科研经验及最新成果。

1. 材料试验馆
2. 暖通实验室
3. 工程试验馆
4. 道路材料实验室
5. 水利实验室
6. 水工实验室

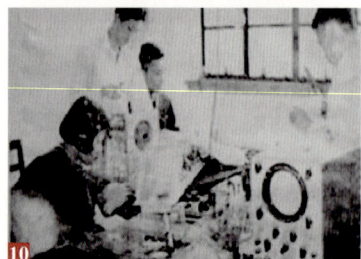

7. 结构实验室

8. 力学实验室

9. 声学实验室

10. 师生一起搞科研

11. 同济大学召开上海高校第一次科学讨论会

12. 测量系叶雪安教授在第一次科学讨论会测量分组会上演讲

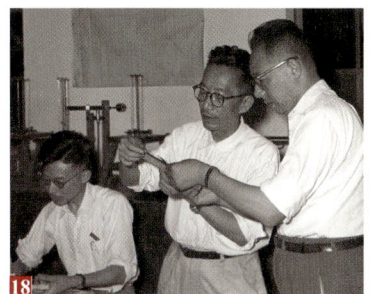

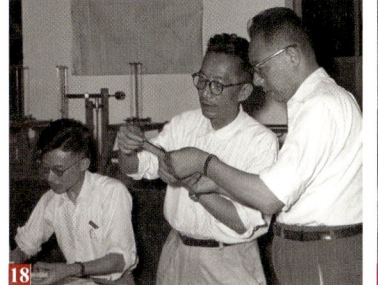

13. 分组报告会

14. 田名誉在同济大学第一次科学讨论会施工分组会上演讲

15. 同济大学第一次科学讨论会竹材第一分组会

16. 全国首届城市道路交通研究工作会议在同济召开，图中站立发言者为杨钦

17. 高等工业学校土建类专业教学大纲审订会议在同济举行

18. 吴之翰教授（中）、俞征教授（右）和李明昭讲师在进行力学计算研究（1956年）

19. 范立础在同济大学第一次科学讨论会上演讲

20. 1950年代同济科学研究概况展览

杰出学子 行业精英

全国院系调整后,同济大学因为师资力量雄厚,以及实验设备的保障和学术氛围的养成,1951—1956 年,土木系科培养了众多优秀人才,李猷嘉、沈世钊、陈新、董石麟、沈祖炎、项海帆、范立础、许厚泽、钟万勰、宁津生等一批院士就是其中的杰出代表。

1. 道路桥梁与隧道专业 1955 届班级荣获"先进集体"后师生合影(前排教师左起依次为张云亭、陈本端、李国豪、钱钟毅、陈超、周念先、金成棣,二排左二为范立础,三排左六为项海帆)

李猷嘉
1953年毕业于同济大学结构系工业与民用建筑结构专业，中国工程院院士

沈世钊
1953年毕业于同济大学结构系工业与民用建筑结构专业，中国工程院院士

陈 新
1953年毕业于同济大学结构系桥梁隧道专业，中国工程院院士

董石麟
1955年毕业于同济大学结构系工业与民用建筑结构专业，中国工程院院士

沈祖炎
1955年毕业于同济大学结构系工业与民用建筑结构专业，中国工程院院士

项海帆
1955年毕业于同济大学道路与桥梁系道路桥梁与隧道专业，中国工程院院士

范立础
1955年毕业于同济大学道路与桥梁系道路桥梁与隧道专业，中国工程院院士

许厚泽
1955年毕业于同济大学测量系，中国科学院院士

钟万勰
1956年毕业于同济大学道路与桥梁系道路桥梁与隧道专业，中国工程院院士

宁津生
1956年毕业于同济大学测量系，中国工程院院士

矢志不渝 曲折探索

1957年开始,顺应全国政治形势,同济大学开展了"整风整改""大跃进""教育大革命"等一系列政治运动,跃进风、浮夸风盛行,大学的正常秩序被打乱。但这一阶段,土木系科在打基础、建队伍、摸方向等方面也做了一些符合教育发展规律的工作,并承建了一批有特色的土木工程建筑。

1. 俞载道指导学生毕业设计（1958年）

2. 欧阳可庆老师在给工民建专业学生布置毕业设计

3. 道路桥梁与隧道专业学生进行勘测生产劳动（1954年高教部指示,"桥梁与隧道专业"定名为"道路桥梁与隧道专业",即"道桥专业",四年制）

4. 测量系工农班学员上课

5. 教员在课堂上讲授多层框架结构的计算原理

6. 道路桥梁与隧道专业学生以科技活动小组形式开展活动

7. 铁路、公路及桥梁工程系科学研究报告会（1959年）

8. 建筑工程系300余名师生去戚墅堰机车厂工地，开展教育与生产劳动相结合工作，参加厂房扩建活动（1958年）

9. 教育与生产劳动相结合工作成果展览（1959年）

10. 铁路、公路及桥梁工程系教育与生产劳动相结合总结大会（1959年）

11. 道路与桥梁系新生专业分配大会（1957年）

12. "技术革新"现场会

13. 学生在工程结构试验室进行基本构件力学性能教学试验

14. 工程力学一年级学生在做叉管应力电测试验

15. 学生在材料实验室进行材性教学试验

16. 同济大学研制成功全国第一台液压挖掘机，获得建工部嘉奖（1960年）

17. 我国首批七名科技工作者赴法国以访问学者身份进修（左四为蔡国均教授）（1966年）

18. 1961年建成的大礼堂，由土木系教授俞载道完成结构设计，采用当时最先进的薄壳拱型结构屋架，建成时被称为"远东第一拱"，被列入上海市第四批优秀历史建筑，1999年获新中国50年上海经典建筑提名奖，成为同济大学的标志性建筑之一

19. 师生合作发明土工新设备——群钻

20. 1971年，建筑工程系王肇民、欧阳可庆等设计的上海电视塔，高210米，位于南京西路青海路附近，该项目荣获1978年全国科学大会科技成果奖

21. 1965年，李国豪教授主编出版的第一部研究生教材《桥梁结构稳定与振动》（1992年修订再版，1995年荣获第七届全国优秀科技图书奖一等奖）

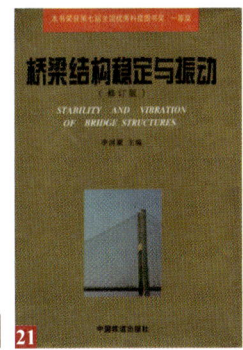

第七章

徘徊
矢志不渝的学术坚守

CHAPTER 7

WANDERRING: PERSISTENT ADHERENCE TO ACADEMICS

1966—1976

1966—1976 年，受全国政治环境的冲击和影响，经过劳动建校、学习苏联、开门办学和"五七公社"等历次运动，同济土木系科的发展尽管受到诸多限制，但作为我国土木学科人才培养的最大阵营，在有限的条件下仍坚守学术初心，保持传统办学理念，延续重实践的传统教学特色，为国家建设培养了大批工程技术人才。

同济大学师生在上海万体馆建设工地（1974年）

十年动荡 逆水行舟

1966 年 5 月，"文化大革命"开始，全国进入十年动荡阶段。同济大学大批师生遭受迫害，正常的教学科研秩序被破坏。此阶段所谓的"教育革命"，以学校与施工单位、设计单位三方结合成立"五七公社"，教职员进"五七干校"接受贫下中农再教育，派出教改实践队探索"办学方向"，工农兵"上大学、管大学、改造大学"和"厂校挂钩"等为主要内容。

1. 坚持教学（朱伯龙、朱伯钦、范立础、成永华）

2. 在安徽"五七干校"劳动的教师们

3. 学生入校后，在第一学期参加典型工程与施工实践

4. "工程力学基本知识"短训班学员在自升塔式起重机上进行应力测试

5. "五七公社"三年级学员开门办学，在宝山工地结合典型工程进行教学

6. 李国豪教授凭记忆分析武汉长江大桥产生晃动的原因，在家进行模拟试验演算抖振问题（该成果荣获1978年全国科学大会重大科技成果奖）

7. 同济大学首届工农兵学员入学（1970年）

8. 铁路、公路及桥梁工程系学生在南京实习（1971年）

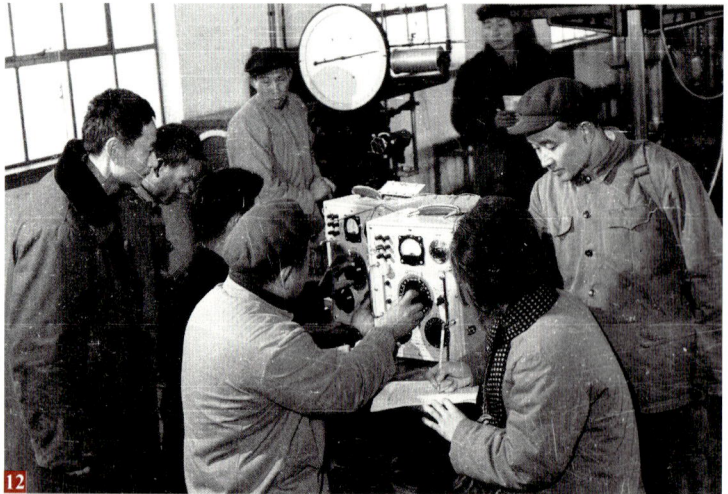

9. 地下工程系师生进行实验（1973年）

10. 1974年，彭国雄老师在阿拉伯也门共和国萨那工业技术学校野外教学

11. 73级路桥专业学生在井冈山进行公路勘测实习（1975年）

12. "静力触探"短训班（1976年）

13. 公路与桥梁工程系73级尼泊尔留学生乔希回国前与教师合影

杰出学子 历经淬炼

尽管受到政治运动的影响，但由于同济的传统和一批精英教师的存在，同济师生严谨求实的精神仍得以传承。在相对艰难的条件下，同济教师坚守学术，同济学子积极上进、勤动手、肯钻研，涌现出一批杰出人才。

1. 铁路系铁道建筑专业57届同学毕业合影（1957年）

2. 地下工程系地下建筑专业59级师生合影

3. 建筑工程系工业与民用建筑专业三年级全体同学合影（1959年）

4. 公路与桥梁工程系首届工农兵学员毕业合影（1974年）

段 宁
1975 年毕业于同济大学环境工程专业，中国工程院院士

毛经权
1952 年由交通大学土木系并入同济，在同济大学执教 20 年，曾任上海市委常委、市政协副主席

吴承志
1960 年毕业于同济大学路桥系，1966 年同济大学研究生毕业，曾任青海省副省长

冯之浚
1962 年毕业于上海铁道学院建筑工程系，曾任民盟中央专职副主席、中国管理科学研究院副院长、第七至第十届全国人大常委会委员

梁文灏
1964 年毕业于同济大学铁道建筑专业，中国工程院院士

汪光焘
1965 年毕业于同济大学城市建设系，1981 年同济大学路桥系研究生毕业，曾任建设部部长、全国人大环境与资源保护委员会主任委员

张惠新
1962—1968 年就读于同济大学路桥系，曾任中纪委副书记

周纪昌
1973—1977 年就读于同济大学路桥隧道建设专业，曾任中国交通建设集团有限公司董事长

第八章
蓄势
全面赶超的力量积蓄

CHAPTER 8

ACCUMULATION: STRENGTH BUILD-UP FOR COMPLETE CATCHING-UP

1977—1986

"文化大革命"结束后,在改革开放的历史趋势以及学校"两个转变"的发展战略主导下,土木系科在专业设置、学科发展、师资力量、教学方法、人才培养、科学研究、交流合作等方面不断调整,以积极的姿态和开放的眼界,明确目标,为全面赶超世界先进水平积蓄力量。

李国豪（右）与桥梁专业 1988 届毕业生交谈（1988 年）

两个转变 系科归并

1977年11月,"五七公社"撤销,土木系科原所属科系渐次恢复原建制,后又经过多次调整归并,遂形成了全新的土木系科格局。

1981年,结构工程专业(含桥梁与隧道工程方向)获首批硕士和博士学位授予权,首批博士生导师为李国豪、黄蕴元、孙钧、朱伯龙。

建筑工程系先后更名为土建结构系(1980年)和结构工程系(1982年9月)。

原水工系(1958年建立,1959年更名为测量地质地基系,1964年更名为地下工程系,1982年9月更名为地质与水文地质系,1985年5月更名为岩土工程系与岩土工程研究所)于1986年5月更名为地下建筑与工程系。

原铁路、公路及桥梁工程系(1958年建立,1973年更名为公路与桥梁工程系)于1982年9月更名为道路与交通工程系。

1980年成立管理工程系,1981年重建测量系。

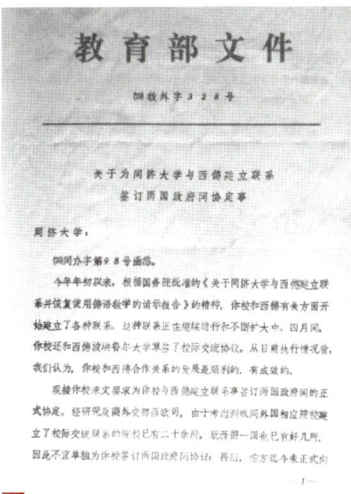

1. 教育部请示国务院《关于为同济大学与西德建立联系签订两国政府间协定事》,邓小平等八位副总理圈阅同意(1979年)

2. 全国科学大会奖状(1978年)

3. 结构理论研究所成立大会（1978年）

4. 全校科技表彰大会（1978年）

5. 1978年3月，在我国科学事业发展史上具有重大历史意义的全国科学大会在北京人民大会堂举行，同济大学有四项科技成果获奖。图为参加全国科学大会的四位教师（左起：翁智远、冯纪忠、李国豪、王开发）

6. 时任上海市副市长赵祖康与路桥系毕业班学生进行交流（1982年）

7. 上海市土木工程学会电子计算机应用学术委员会成立大会（1983年）

课堂教学 人才培养

1. 钢筋混凝土结构教研室李寿康教授（1980年）
2. 梁惠娟老师在讲桥梁课（1979年）

3. 教学经验交流会

4. 孙钧教授（左）辅导研究生李永盛（中）

5. 段光贤教授、郑家欣教授等与青年教师一起备课

6. 周商吾老师教学讨论

7. 钢木结构教研室宗听聪老师在备课（1980年）

8. "文化大革命"后第一届铁道工程硕士生雷晓燕毕业论文答辩（答辩老师左起：王午生、毛经权、童大埙、徐次达）

9. 1980年建筑工程系毕业答辩

10. 吕西林作为同济大学结构工程专业第一个博士生在进行答辩（1984年12月28日）

11. 中国道路工程专业培养的第一位博士——孙立军（1986年）

12. 出版的部分教材及专著

校外实习 社会实践

20世纪80年代,同济大学教务处下设实践教学科,成立校外实习和社会实践指导委员会,制定《关于生产实习(毕业实习)暂行条例》,将工程教育重实践的传统特色进一步制度化。1982年,学校进行实习改革试点,将过去的集中实习改为分散实习,鼓励学生开展业余兴趣活动小组,至1987年,已建立实习基地近30个,可安排2500名学生实习。

1. 程鸿鑫教授等带领学生在野外做试验

2. 道路与交通工程系学生在浙江嵊县(今嵊州市)山区进行公路选线(1984年)

3. 江景波校长（右二）赴安徽巢湖和阜阳实习基地慰问师生

4. 梁敬方高工带学生野外实习

5. 79级铁道工程专业学生在苏州实习合影（1980年）

6. 工民建学生进行测量实习（1981年）

7. 学生在工厂实习（1985年）

8. 王午生教授在济南铁路局带领学生进行钢轨横向力测试（1987年）

9. 地下建筑与工程系地质专业师生在横山进行地质实习（1980年）

10. 水文地质、工程测量专业二年级学生在苏州进行地质实习（1983年）

实验装备 助力科教

实验室是工科高校教学、科研的重要场所,是人才培养的基地。同济大学土木系科通过多种渠道筹集资金,实验室建设得以不断加强,1980年设有土工、道路、桥梁、实验力学、工程结构、水利水文、工程地质、地下建筑、测量、金工等实验室。

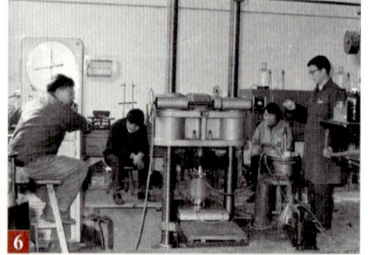

1. 1978年工程结构研究所与机械、材料、电信等专业开展跨学科研究,自行研制建成MZT-3小振动台试验系统

2. 1979年始,在中央和上海市多方领导支持下,以朱伯龙教授为主要负责人,引进我国第一台大型模拟地震振动台,建设和形成了高水平研究团队,开展了一系列结构抗震试验研究,在全国处于领先地位。图为师生及外国专家在振动台前合影

3. 工程结构实验室(1978年)

4. 路桥实验室(1980年)

5. 水利水文实验室(1980年)

6. 土动力学试验室(1987年)

7. 结构所结构抗震试验室(中)和结构静力试验室(左),右为原工程结构研究所办公楼(1980年代)

科学研究 学术创新

　　1979—1984 年，同济大学加强科研团队建设，在稳定科研方向、形成学科优势、促进专业建设、培养新的学术带头人方面起到积极作用。1985 年 7 月，同济大学根据中央科技体制改革决定的精神和学校存在的问题，制定了《同济大学科研改革方案》，在此体制下，土木系科的科研工作得以迅速发展。

1. 地质教研室与勘探院协作研制（1978 年）
2. 结构理论研究所副所长徐植信教授（左二）等进行地震波工作研究
3. 李国豪院士和中青年教师一起讨论
4. 砌体结构振动台试验（1984 年）
5. 周念先教授（左）指导青年教师的科研工作（1980 年代）
6. 研制强震仪（1979 年）

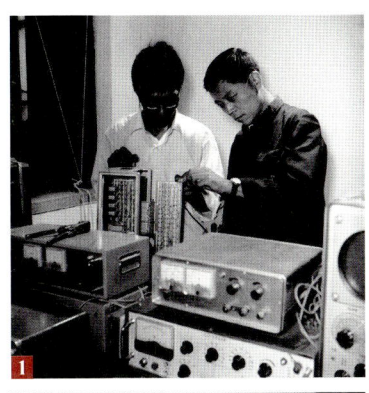

7. 工程结构研究所研制全息条纹读数仪（1980年）

8. 第二条黄浦江隧道试验（1982年）

9. 朱照宏教授在水泥混凝土路面研究成果评审会作报告（1981年）

10. 杨佩昆（右一）介绍杭州市居民车辆出行调查成果（1984年）

11. 姚祖康教授在北京介绍"路面管理系统PMS"研发成果（1986年）

12. 建筑工程系沈祖炎教授在做结构试验（1984年）

13. 《桥梁抗震理论》科研成果评议会

14. 试验现场（左起：张昆联、吴明舜、朱伯龙、余安东、陆伟民）（1985年）

15. 桥梁试验（1980年）

16. 桥梁工程系项海帆教授在做试验（1984年）

17. 桥梁实验室进行桥梁风振试验（1985年）

18. 道路与交通工程系主编我国第一部城市道路设计规范，图为在同济大学召开编写组会议合影（1983年）

学术交流 拓展视野

在这一阶段，同济土木系科逐渐加强国际学术交流、拓展学术视野，提升同济土木系科的国际学术地位。

1. 交通工程专家张秋先生来同济讲学合影（1979 年）

2. 西德专家杜尔特教授来同济教学合影（1983 年）

3. 建筑工程系教师受教育部委派至阿拉伯也门共和国支援萨那中等工业技术学校教学的教师合影（前排：右一蔡国均、右二于铁军、右四庄家华；后排：右一张凤鸣、右四潘宝根、右六陈炳权）

4. 世界抗震学会主席武藤清来同济讲学（1979年）

5. 大阪市立大学山下一美教授来访（1981年）

6. 美国普渡大学土木系姚治平教授来同济大学讲学（1984年）

7. 吕西林（左）参加国际地震工程专题讨论会，回答美国教授H. McNiven的提问（1984年3月）

8. 美籍教授胡同志为建筑工程系讲学

9. 澳大利亚新南威尔士大学教授Tindal来访道路与交通工程系（1985年）

10. 朱伯龙教授带队考察美国MTS公司

11. 加州大学伯克利分校Monismith教授来道路与交通工程系作沥青路面讲座合影（1986年）

第九章

突破
加快步伐的建设发展

CHAPTER 9

BREAKTHROUGH: ACCELERATE THE PACE OF CONSTRUCTION AND DEVELOPMENT

1987—1996

1987—1996年，同济大学土木系科不断发展壮大。1987年，同济大学在结构工程系的基础上建立结构工程学院。1996年，与同济大学有着亲缘关系的上海城市建设学院和上海建筑材料工业学院并入同济大学。其与土木相关的学科并入结构工程学院。在这一阶段，同济土木系科在专业发展、人才培养、实验室建设等方面取得了诸多进步和发展。

扩充建院 开拓进取

1987年7月,在结构工程系的基础上,并入工程结构研究所,成立了同济大学结构工程学院,下设土建系、建工系、桥梁系和工程结构研究所。1989年,土建系和建工系合并为建筑工程系后,结构工程学院设2系1所。1996年,与同济大学有着亲缘关系的上海城市建设学院和上海建筑材料工业学院并入同济大学。其与土木相关的学科并入结构工程学院,学科实力进一步增强。

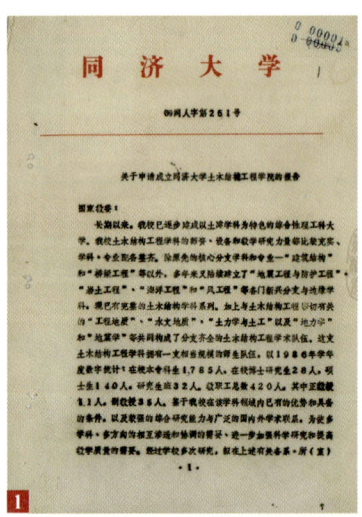

1.《关于申请成立同济大学土木结构工程学院的报告》

2. 江泽民在项海帆来信上的批示（1987年）

3. 1987年同济大学结构工程学院成立

专业建设 追求卓越

在学科建设与发展方面，"结构与岩土工程""桥梁、道路与交通工程"被学校列为"211工程"重点建设学科。1995年起，地下建筑工程专业、岩土工程专业和工业与民用建筑工程专业合并，按宽口径专业"建筑工程专业"招生。

1995年，学校根据建设部要求，致函建设部全国高等学校建筑工程专业教育评估委员会，申请参加建筑工程专业评估试点。1995年6月6日，专家视察小组到同济大学。6月7日，视察小组研究、讨论学校自评报告。6月8—11日，视察小组实地考察，写出视察报告。视察小组认为，同济大学建筑工程专业有如下优势：专业学科齐全，其主干学科在国内居领先地位；专业办学历史悠久，师资力量雄厚，学科带头人多；上海工程建设发展迅猛，为本专业发展提供了良好的环境。6月19日，建设部全国高等学校建筑工程专业教育评估委员会致函同济大学，评估结论是：评估委员会同意视察小组对你校建筑工程专业的视察报告，评估予以通过，合格有效期5年，自1995—2000年。

1. 土建专业88届毕业生合影（1988年）

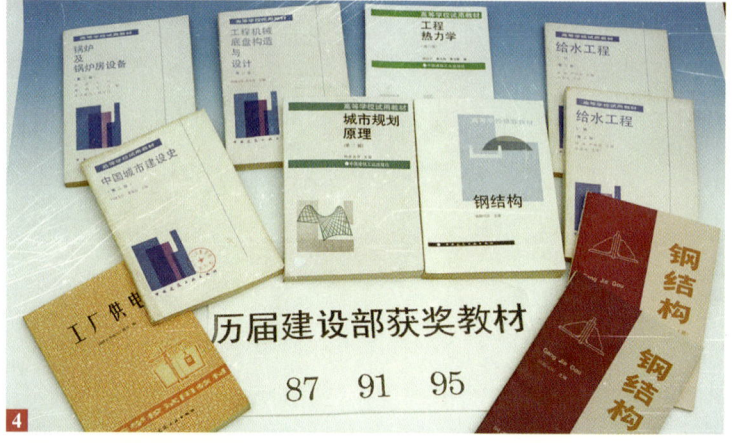

2. 1995年4月，原结构工程学院研究生毕业留念

3. 吴启迪校长与研究生（1995年）

4. 历届建设部获奖教材（1996年）

5. 97届工业与民用建筑专业毕业生合影

6. 黄浦江大桥设计方案讨论会（1988年）

7. 进行九江长江大桥的科研工作（1989年）

8. 讨论五角场设计（1989年）

第九章 突破·加快步伐的建设发展

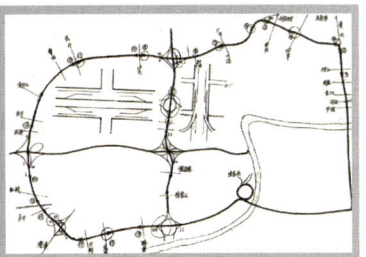

9. 南浦大桥是中国人自主设计和建设的第一座大跨越斜拉桥，同济负责主持南浦大桥科研总承包、提出总体设计方案、参与联合设计（主跨423米，1991年）

10. 姚祖康在路面管理系统PMS项目验收鉴定会上作报告（北京，1991年2月）

11. 同济设计的吴淞新客运大楼（1991年）

12. 同济大学参与国内第一条城市环形快速路上海市内环线高架路交通研究，负责匝道布设方案和交通监控方案研究（1991年）

13. 同济设计的南浦大桥引桥（1991年）

14. 南浦大桥动载试验（1992年）

15. 研究铁道部科研项目——铁路纵断面设计优化（1992年）

16. 桥梁实验室师生在杨浦大桥进行动、静载试验（1993年）

17. 刘泽圻教授在洛阳工程兵三所爆破试验场察看爆破试验后构筑物损坏情况（1995年）

18. 上海八万人体育场整体模型半拉半压试验（1995年）

19. 上海浦东国际机场航站楼钢结构82米屋架足尺试验（1997年）

国重获批 助力发展

1988年5月,国家计委批准在同济大学建设我国土木工程领域最早的国家重点实验室——土木工程防灾国家重点实验室。该实验室于1990年1月正式向国内外开放。实验室下设振动台试验室、风洞实验室、地面运动观测室和桥梁支座试验室。实验室以土木工程结构抗震与抗风为主要研究目标,不断提高对土木工程地震和风暴灾害现象机理的认识,建立结构物抗风和抗震的理论和设计方法,为减轻灾害提供经济合理及有效的措施,为土木工程的可持续发展提供技术支撑。1992年,土木工程防灾国家重点实验室在运行费评估中被评为B+级,1997年在第一次重点实验室评估中被评为A级。

1. 风洞实验室(1990年)

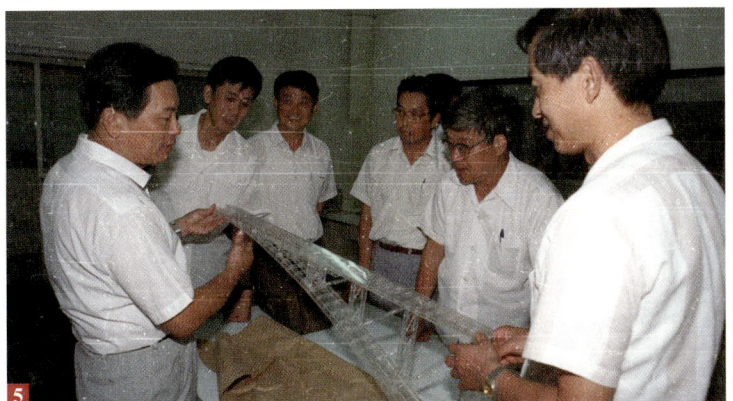

2. 抗震试验（1991年）

3. 土木工程防灾国家重点实验室验收会（1991年）

4. 土木工程防灾国家重点实验室（1991年）

5. 同济大学风洞实验室验收会（1991年）

6. 风工程馆（1994年）

7. 范立础、李国豪、项海帆、林志兴（从左至右）在风洞实验室讨论虎门大桥科研工作（1995年）

8. 风洞实验室之TJ-3边界层风洞（1996年）

当行出色

BEING EXCELLENT IN THE FIELD

PART II 下篇

1997年，同济大学在结构工程学院的基础上成立了土木工程学院。2000年，上海铁道大学与同济大学合并，其土木学科亦随之并入同济大学土木工程学院。2000年7月，道路与交通工程系从土木工程学院划出，并组建交通运输工程学院。2024年9月，同济大学融合原交通运输工程学院、铁道与城市轨道交通研究院、磁浮交通工程技术研究中心，成立交通学院。2012年5月，测量与国土信息工程系从土木工程学院划出，组建测绘与地理信息学院。经过多年发展，同济土木系科形成涵盖土木工程学院、交通学院、测绘与地理信息学院、环境科学与工程学院、机械与能源工程学院等多学院协同、多学科交叉的恢弘格局。在2009年、2012年的教育部学科评估中，同济大学的土木工程学科整体水平在国内均排名第一，在2016年的教育部学科评估中获得A+。同济大学土木工程学科自2017年起连续七年在软科世界大学学术排名中位居世界第一，2021年起在Us. News学科排名中位居世界第一。同济土木成为领先全国、享誉世界的品牌专业，形成了同济土木系科百年的卓越版图。

同济土木系科始终以符合培养规律、适应成才特点、面向未来创新的培养方案改革为牵引，不断深化教学各环节改革，人才培养体系经历了"土木工程宽口径人才培养""注重学生工程素质和实践能力的培养与提升""创新型、国际化工程人才培养""卓越工程师教育培养""本硕博一体化人才培养体系""世界一流人才培养"等多阶段发展，始终与国家战略布局、社会进步需求和国际发展趋势相契合。2018年在国内率先成立了"智能建造"新专业，推动土木工程学科的转型与升级。

在科学研究方面，同济土木以土木工程防灾减灾全国重点实验室、国家土建结构预制装配化工程技术研究中心、科技部地震工程联合研究中心、高速磁浮运载技术全国重点实验室、国家磁浮交通工程技术研究中心等多个国家级科研平台和省部级重点实验室为基地，进行前沿基础理论和应用技术研究，为实现从0到1的原创突破、丰富土木工程的基本理论、支撑国内重大工程项目建设、响应城市更新乡村振兴发展战略等作出了卓越贡献。

同时，同济土木积极同政府、企业、高校进行深度交流与合作，共建科研实习基地、搭建校企合作平台、探讨联合办学模式，开展了广泛深入的交流合作，产、学、研、用紧密结合，形成全方位、多层次的产学研联盟和协同创新中心。加强同世界著名大学之间的合作与交流，已形成了具有同济土木特色的主动型、高起点、多方位、本硕博全覆盖的国际交流与合作体系，合作重点逐步从数量到质量转变。

以立德树人为根本任务，在百十年的办学历程中，同济土木工程学科在百年的发展历程中形成了以"兼容并蓄、求实创新"为核心的同济土木精神和土木文化特征。同济土木系科学子以扎实的学术基础、丰富的实践经验、踏实的工作作风深受用人单位的好评。他们将土木系科百十年的学术底蕴和精神传统传播到祖国各地，成为国家建设的社会栋梁与专业精英。

第十章
崭新征程
土木系科的第一品牌

CHAPTER 10

ON A NEW JOURNEY: FIRST BRAND OF CIVIL ENGINEERING DISCIPLINE

1997年9月,同济大学按照一级学科设院、二级学科设系的原则,在结构工程学院的基础上成立土木工程学院。2000年4月,上海铁道大学与同济大学合并,之后,道路与交通工程系从土木工程学院划出,并组建交通运输工程学院。2012年,原土木工程学院测量与国土信息工程系单独划出并成立了测绘与地理信息学院。在学科评估中,土木工程一级学科下设岩土工程,结构工程,市政工程(归属于环境科学与工程学院),供热、供燃气、通风及空调工程(归属于机械与能源工程学院),防灾减灾工程及防护工程,桥梁与隧道工程等专业。同济的土木系科结构愈发壮大,形成了百年辉煌的卓越版图。

成立土木工程学院

1997年9月,在结构工程学院基础上,并入道交系和岩土工程系,扩建为土木工程学院,增设地下建筑与工程系、道路与交通工程系,项海帆教授为首任院长。目前,院内设有建筑工程系、地下建筑与工程系、桥梁工程系、结构防灾减灾工程系和水利工程系五个系。另外,院内还设有土木工程博士后流动站、地质资源与地质工程一级学科博士点、地质资源与地质工程博士后流动站,拥有土木工程防灾减灾全国重点实验室、国家土建结构预制装配化工程技术研究中心、科技部地震工程联合研究中心三个国家级科研平台。

在2007年国家重点学科评估中,同济大学土木工程一级学科,以及结构工程、岩土工程、桥梁与隧道工程、防灾减灾工程及防护工程等四个二级学科获评为国家重点学科。土木工程学科成为全国唯一一个拥有四个二级重点学科的一级国家重点学科。在2009年、2012年的教育部学科评估中,土木工程学科整体水平在国内均排名第一,在2016年的教育部学科评估中获得A+。同济大学土木工程学科自2017年起连续七年在软科世界大学学术排名中位居世界第一,2021年起在U.S. News学科排名中位居世界第一。

1. 土木工程学院揭牌仪式(1997年)

2. 2000年4月，上海铁道大学与同济大学合并，原上海铁道大学土木学科学生及部分教师并入同济大学土木工程学院。图为2000年4月27日，同济大学与上海铁道大学合并大会

3. 土木工程学院大楼

4. 岩土大楼

5. 桥梁馆

6. 结构工程与防灾研究所更名为结构防灾减灾工程系（2018年）

成立交通学院

2000年7月，道路与交通工程系从土木工程学院划出，与原铁道大学运输管理工程、电信工程等系科合并组建了交通运输工程学院。2003年11月，原并入土木工程学院的铁道建筑工程系划出并入交通运输工程学院。2024年8月，为促进"大交通"学科融合发展，学校融合原交通运输工程学院、铁道与城市轨道交通研究院、磁浮交通工程技术研究中心，成立全新的同济大学交通学院，铁道与城市轨道交通研究院继续发挥并强化对接铁路行业科研组织功能，磁浮交通工程技术研究中心在交通学院构架下相对独立运行。交通学院下设交通运输规划与管理系、交通设施系、车辆与载运系和交通信息与控制系四个系，拥有国家磁浮交通工程技术研究中心、高速磁浮运载技术全国重点实验室、国家道路交通安全管理工程技术研究中心同济大学分中心、教育部重点实验室、教育111创新引智基地、教育部工程研究中心、交通运输部协同创新中心、中国民航局重点实验室、磁浮技术铁路行业重点实验室、更高速动车组系统集成铁路行业工程研究中心、上海市轨道交通结构耐久与系统安全重点实验室、上海市多网多模式轨道交通协同创新中心、轨道交通与磁浮服役安全创新中心、交通运输工程上海市实验教学示范中心、交通运输部车路协同系统创新人才培养示范基地、综合交通运输理论交通运输行业重点实验室等重要学科平台，以及中国科协铁道与磁浮全国科普实践教育基地和中国铁道学会"铁道与磁浮全国铁路科普基地"。2022年学院获批交通强国建设试点单位，已成为中国交通运输领域人才培养与科学研究的重要基地之一。

1. 交通运输工程学院进驻嘉定校区
2. 交通运输工程学院进驻嘉定校区仪式
3. 交通运输工程学院拥有的研究机构
4. 四平路校区交通运输工程学院老楼
5. 同济大学交通学院揭牌仪式

成立测绘与地理信息学院

1932年12月，国立同济大学工学院高等测量系正式成立，成为当时国立大学中唯一的测量系，也是我国民用测绘高等教育事业的发祥地。1998年，高等测量系获大地测量学与测量工程专业博士授予权，同年并入土木工程学院。2012年，原土木工程学院测量与国土信息工程系从土木工程学院划出并单独成立测绘与地理信息学院。测绘与地理信息学院拥有测绘科学与技术国家一流学科、大地测量学与测量工程国家重点学科，测绘科学与技术一级学科博士点、博士后流动站，涵盖大地测量学与测量工程、摄影测量与遥感、地图制图学与地理信息工程三个二级学科。

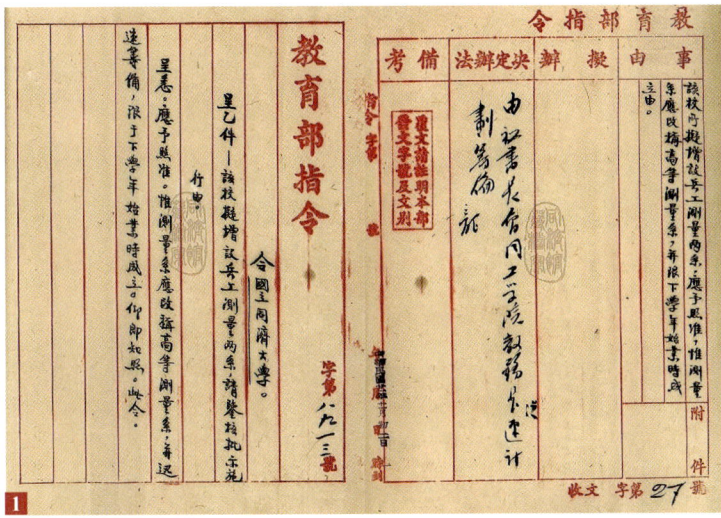

1. 关于高等测量系成立的教育部指令

2. 同济大学测绘与地理信息学院成立庆典

环境科学与工程学院

市政工程学科的本科专业名称为"给排水科学与工程",研究生学科的名称为"市政工程"。1951年,私立大夏大学、光华大学的土木工程系合并到同济大学土木工程系,调整后的土木工程系分为结构、公路、水利、市政四个专业组。1952年,同济大学成立上下水道系,由著名市政工程专家杨钦教授任系主任,谢光华教授任系副主任,并于当年秋季招收首届上下水道系本科生和专科生。1954年,上下水道专业更名为给水排水专业。1957年,给水排水专业开始招收研究生。1981年,给水排水专业获全国第一批硕士学位点资格。市政工程专业获全国第一批博士学位点资格,杨钦教授为全国第一批博士生导师。1985年,市政工程专业被批准建立国内首批博士后流动站。1988年成立同济大学环境工程学院。2010年,给水排水工程专业成为教育部首批"卓越工程师教育培养计划"试点专业和教育部高校综合改革试点专业。2019年,给排水科学与工程专业入选国家级一流本科专业建设点。

1. 给水排水专业62—67级全体同学合影

2. 给水排水专业严煦世教授在作科研报告

3. 同济大学环境工程学院

机械与能源工程学院

20世纪50年代初期,为了解决第一个五年计划中156项重点建设项目(建立我国的重工业基地和国防工业基地)所在的"三北地区"采暖、工厂通风问题,国家先后在哈尔滨工业大学、清华大学、同济大学、东北工学院(转入现西安建筑科技大学)、天津大学、重庆建筑工程学院(并入重庆大学)、太原工学院(现太原理工大学)、湖南大学(史称"老八校")设立了供热、供煤气及通风专业。1952年,同济大学为了适应解放后大规模经济建设的需要,在建筑学系设置建筑设备专业,招收专科生。1953年开始招收暖气、煤气供应及通风专业(简称暖通专业)四年制本科生。1954年开始在"卫生工程系"招收暖气、煤气供应及通风专业(简称暖通专业)四年制本科生。1955年学制由4年更改为5年,1978年学制又恢复为4年。根据国家建设需要,从1957年开始设置了城市煤气和采暖通风两个专门化方向。"文化大革命"期间,城市煤气方向停招。1978年恢复并设置城市燃气热能供应工程专业专业,单独招生。1983年后,以供热通风与空调工程和城市燃气工程专业进行招生。1995年,根据国家教委招生目录,暖通与燃气专业合并,更名为"供热、供燃气、通风与空调工程"。1999年,专业更名为建筑环境与设备工程专业,2012年更名为建筑环境与能源应用工程(为简单起见,后文沿用"暖通专业")。1987年,暖通专业通过了建设部供热通风与空调工程专业本科生教育质量试点评估,2001年以后通过国家住建部组织的多轮本科专业教学质量评估,2007年成为国家重点学科,2017年入选"双一流"建设学科。根据2021年"QS世界大学学科排名",建环专业所属的"Architecture & Built Environment"世界排名第十三,国内第二,在国内高校同类专业中有较高的学术声誉。

1. 1958级同学与苏联专家马克西莫夫合影

2. 1957年第一届（1953年入学）四年制毕业生毕业留影

3.《暖气工程学》1955年由吴沈钇教授编著，中国科学图书仪器公司出版

第十一章 党建引领
事业发展的红色引擎

CHAPTER 11

PARTY BUILDING: THE RED ENGINE DRIVING THE DEVELOPMENT OF OUR CAUSE

在同济大学党委的坚强领导下，土木系科发展始终以习近平新时代中国特色社会主义思想为指导，增强"四个意识"、坚定"四个自信"、做到"两个维护"，以立德树人为根本任务，按照"标准化建设"和"先进性建设"两条主线，通过开展"筑魂""筑基""筑堤""筑梦"四大工程，突出党组织的站位高度、建设精度、守卫强度和领航力度，形成了"四筑四度"的学院党建工作体系，并取得了预期效果。

学思践悟 铸魂育人

土木工程学院

土木工程学院党委坚持以习近平新时代中国特色社会主义思想武装头脑，以政治建设为统领，加强党对学院工作的全面领导，全面提升党建工作质量，紧紧围绕立德树人根本任务，为党育人，为国育才，构建了"四筑四度"的学院党建工作体系："筑魂"工程，突出党组织站位高度；"筑基"工程，突出党组织建设精度；"筑堤"工程，突出党组织守卫强度；"筑梦"工程，突出党组织领航力度，形成了以一流党建引领世界一流学科发展的建设路径和示范模式。

1. 土木工程学院党委：全国党建工作标杆院系

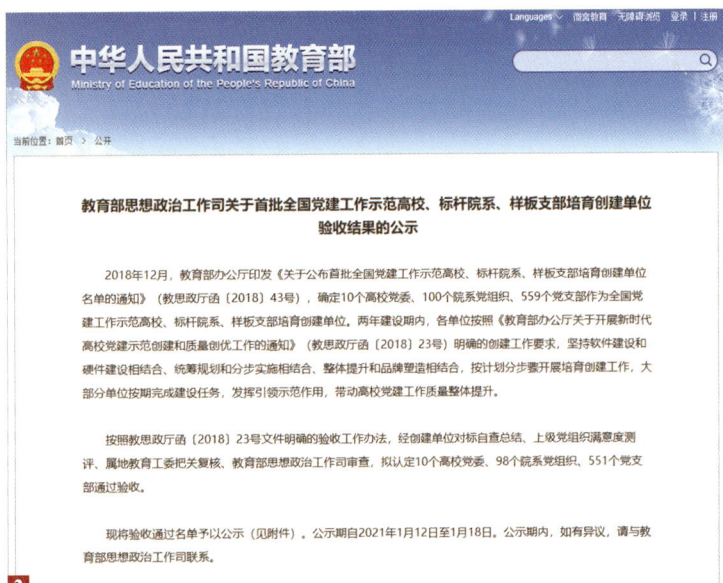

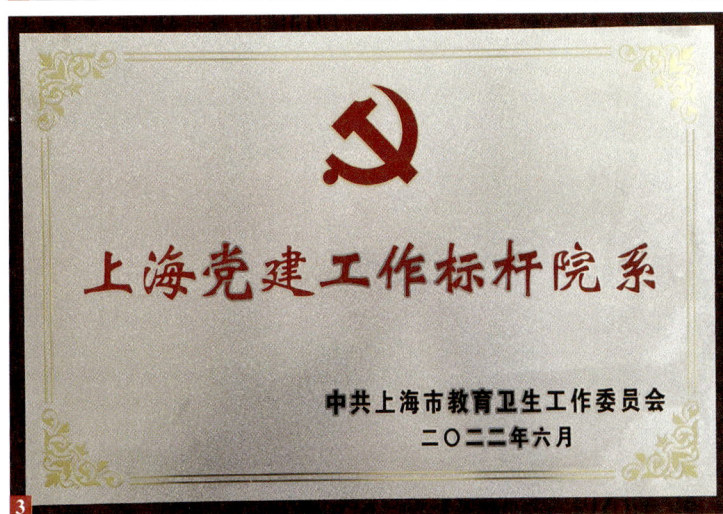

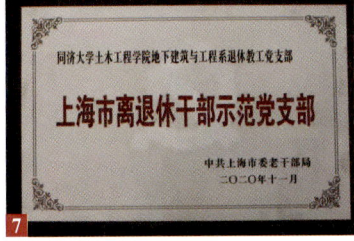

2. 建工系教工第一支部被评为全国党建工作样板支部

3. 上海党建工作标杆院系

4. 同济大学"三全育人"综合改革首批试点学院

5. 上海教卫先进基层党组织

6. 上海市五四红旗团委

7. 上海市离退休干部示范党支部

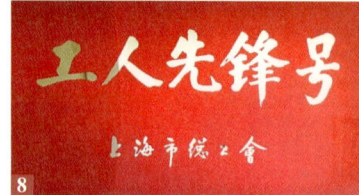

8. 上海市工人先锋号

9. 吕西林院士获上海市优秀共产党员、"四有"好老师

10. 李杰院士获上海市劳动模范代表

11. 赵程教授被授予"全国民族团结进步模范个人"称号（2024年）

12. "百人百句献给党"（项海帆院士、卢耀如院士）

13. 首批全国高校黄大年式教师团队（左起第四为李国强教授）

14. 思政大课（葛耀君教授）

交通学院

交通学院党委坚持以习近平新时代中国特色社会主义思想为指导，认真贯彻落实新时代党的建设总要求和新时代党的组织路线，深入实施党的政治领导"引领工程"、党政协同治理体系"提升工程"、忠诚干净担当的干部队伍"托举工程"、强基固本支部建设"筑基工程"、思政领航人才培养"提质工程"、交通天下文化传承"逐梦工程"、强国担当学科建设"示范工程"，把党建工作贯穿办学治院、教书育人全过程，以一流党建推动一流发展，为加快引领学院发展汇聚强大组织力量。学院获批全国党建工作标杆院系创建单位、全国高校"双带头人"教师党支部书记工作室、上海市党支部建设示范点、上海市教卫党委系统"先进基层党组织"、上海高校"百个学生样板党支部"等荣誉称号。

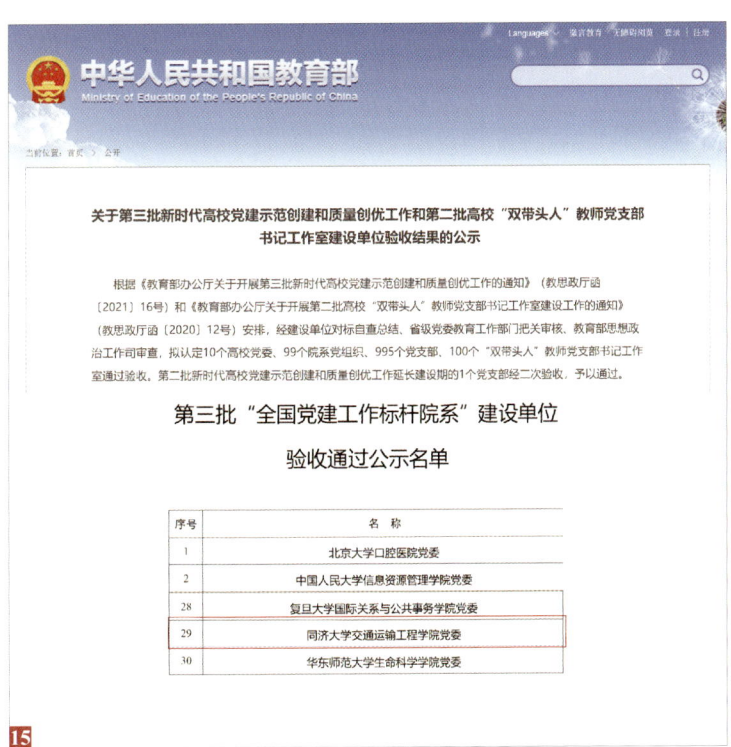

15. 学院获批"全国党建工作标杆院系"建设单位

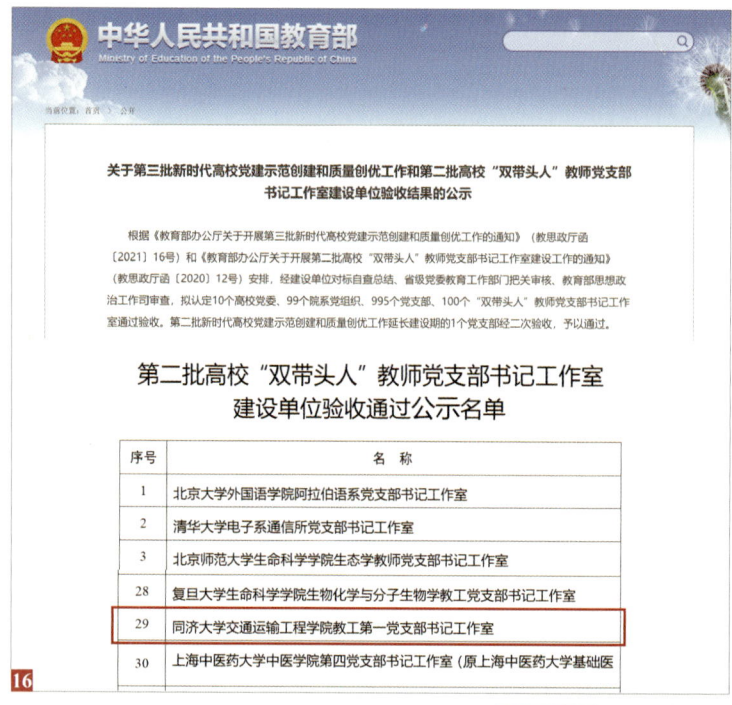

16. 学院获批高校"双带头人"教师党支部书记工作室建设单位

17. 被评为上海市教卫党委系统"先进基层党组织"

18. 上海市党支部建设示范点

19. 同济大学"三全育人"综合改革首批试点学院

20. 孙立军教授获评全国先进工作者、上海市教书育人楷模、上海市最美科技工作者等荣誉

21. 朱兴一教授获评全国优秀党务工作者

22. 张轮教授获评"西藏自治区优秀援藏干部人才"

23. 研究生第三党支部荣获上海高校"百个学生样板党支部"创建名单

第十二章 名师辈出
厚积薄发的坚实基础

CHAPTER 12

PROLIFERATION OF MASTERS: A SOLID FOUNDATION FOR LONG PREPARED BURST-OUT

自院系调整后,同济土木师资力量更加雄厚,为人才培养、科学研究和社会服务奠定了坚实基础,成为国内土木学科教学领域的"第一品牌"。

2003年,李国豪院士当选首届"上海市教育功臣"

系科院士

在土木系科的办学历程中，曾经或正在工作的中国科学院院士、中国工程院院士有19位。

李 杰
中国科学院院士
2021年

朱合华
中国工程院院士
2021年

Dimitri E. Beskos
中国工程院外籍院士
2021年

童小华
中国工程院院士
2023年

李国强
比利时皇家科学与艺术学院外籍院士
2018年

薛松涛
日本工程院外籍院士
2018年

汪发武
日本工程院外籍院士
2019年

袁 勇
欧洲科学与艺术院院士
2022年

1. 范立础院士2004年获"全国优秀教师"称号，2013年获第三届"上海市教育功臣"称号

2. 沈祖炎院士获国家级高等学校教学名师奖，图为沈祖炎院士在第二届高等学校教学名师奖表彰大会会场留影（2006年）

国家级人才

教育部长江学者奖励计划　特聘教授

李 杰　孙利民　顾 明　吕西林
朱合华　黄宏伟　薛伟辰　黄 雨
赵宪忠　张丰收　张 洁　赵 程
陆 键　孙立军　李荣兴　童小华

国家杰出青年科学基金获得者

顾明　李杰　薛松涛　吕西林
李国强　黄茂松　蒋明镜　肖建庄
黄雨　陈建兵　冯世进　周颖
陈永贵　闫治国　孙立军　孙剑
马万经　童小华　李博峰　谢欢

国家"万人计划"科技创新领军人才

黄宏伟　蒋欢军　薛伟辰　张冬梅
谢雄耀　冯世进　李晓军　庄晓莹
童小华　刘春

教学名师

国家级教学名师：沈祖炎、赵宪忠、顾祥林。

上海市教学名师：范立础、朱慈勉、陈以一、李国强、顾祥林、李镜培、朱合华、孙立军。

国家课程思政教学名师：顾祥林、吴兵、滕靖。

宝钢教育奖：朱合华、黄宏伟、顾祥林、李镜培、叶为民、苏小卒、赵宪忠、何敏娟、陈以一、黄雨、张伟平、杜豫川、滕靖、马万经、邓慧萍。

霍英东高等院校教育教学奖：张伟平。

第十三章 人才培养
面向未来的卓越人才

CHAPTER 13

TALENT CULTIVATION: FUTURE-ORIENTED ELITES AND TALENTS

同济大学土木系科的人才培养目标：培养面向未来国家建设需要，适应未来社会发展需求，德智体美劳全面发展，基础理论扎实、专业知识宽广、实践能力突出、科学与人文素养深厚，掌握学科相关原理和基本方法，具备"通专基础、学术素养、创新思维、实践能力、全球视野和社会责任"综合特质的社会栋梁和专业精英。

同济大学土木系科自创立以来，始终十分重视人才培养理念与培养模式的与时俱进和不断创新，根据土木工程未来发展对人才的类型需求，秉持"通专融合、思维涵养、因材施教、家国情怀"的培养理念，构建了"共性基础＋个性发展"的卓越人才培养体系，以一流学科、一流师资、一流软硬条件、一流管理服务、一流文化氛围培养引领未来的卓越人才。

土木工程学院 2024 届本科生毕业照

培养体系

同济大学土木系科自创立以来，始终十分重视人才培养理念与培养模式的与时俱进和不断创新。土木工程专业于 1998 年在国内率先实行宽口径人才培养并初见成效；2001 年起随着重大工程大规模开展，强化对学生的工程素养和实践能力培养；2005 年起结合国家发展战略，注重创新型国际化人才培养体系的探索与实践；2009 年起结合国家工程教育改革和卓越工程师计划，关注以学生为中心的知识学习、能力训练、素质提升，以及与国际实质等效的工程教育认证建设；2014 年起，顺应硕士研究生毕业后较少从事学术研究工作和建筑业由劳动密集型向创新驱动型发展的社会转变，创新实践了"职业性与学术性高度统一"的全日制工程专业硕士研究生培养新模式；此后面对产业变革和行业转型，开启了涵养思维、能力再构的世界一流人才培养探索之路。从 1998 年起，人才培养模式创新成果连续六届获国家级教学成果奖。

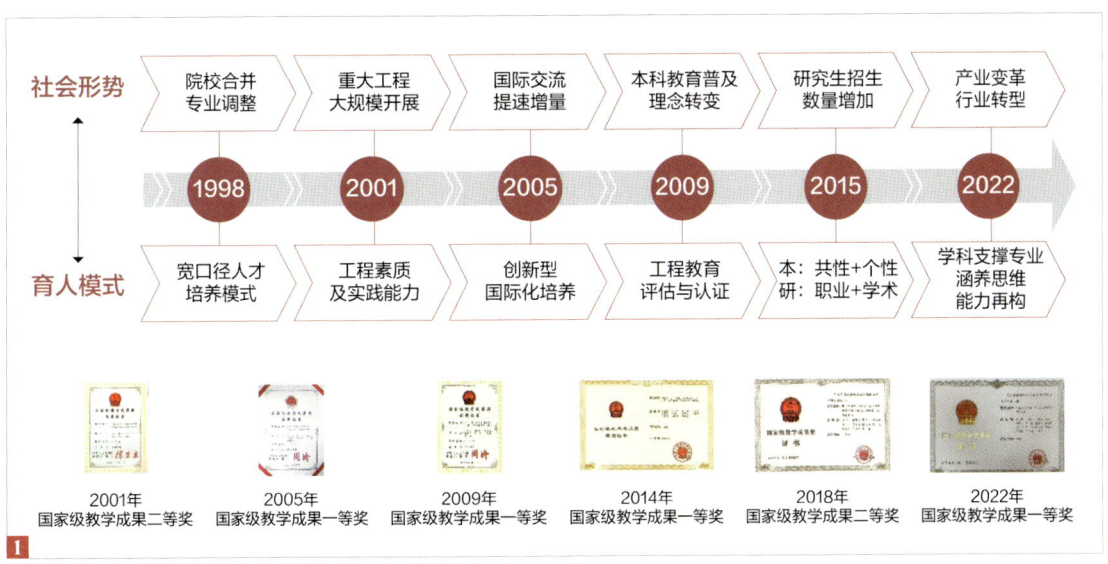

1. 与时俱进的人才培养模式

依托同济百年土木历史积淀，汲取国外著名大学办学经验，以科学研究和工程实践成果为基础，以学术精湛、育人有方的名师和教学团队为保障，土木系科不断深化"卓越工程师教育培养计划"，并提出"基于思维培养和知识本质把握的自我学习与自我完善、基于创新素养和多文化融合的发现问题与综合解决问题能力"的未来人才属性和"本科基础宽，硕士专业深，博士学术精"的阶段人才培养重点。在此基础上，构建了"共性基础＋个性发展"的土木工程卓越人才培养体系，以课堂教学、实践创新、交流合作三个链条为横向培养轴，以本硕博一体化为纵向培养轴，夯实每一位同学在知识、能力和素质方面的共性发展基础；同时增强院内导师、校企导师、国际导师与学生间的近距离接触和指导，提升学生个性发展空间，为国家培养具备"通专基础、学术素养、创新思维、实践能力、全球视野和社会责任"综合特质，堪当民族复兴大任，引领未来的社会栋梁与专业精英。学院凭借与时俱进的人才培养模式和卓越的人才培养成果累计获得国家级教学成果奖24项。

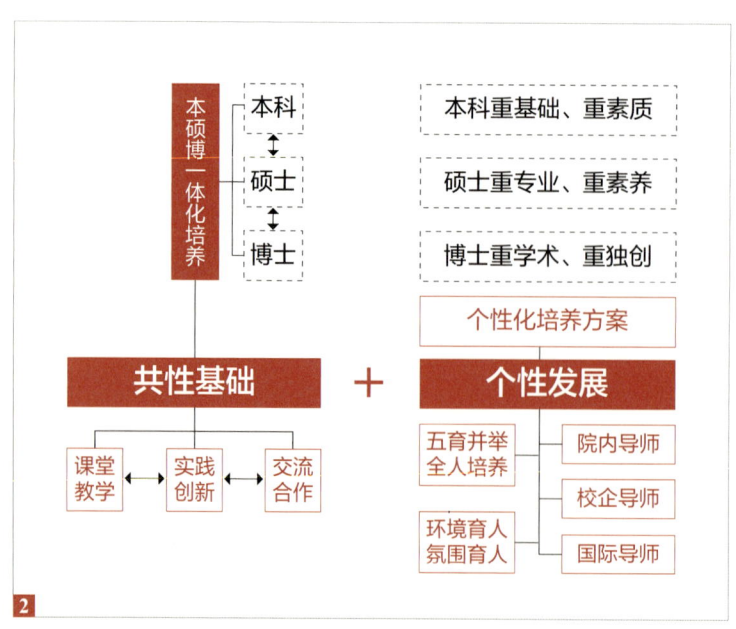

2. "共性基础＋个性发展"人才培养体系

获得的国家级教学成果奖

项目名称	年度	项目等级	牵头/参与
钢结构系列课程建设	1989	优秀奖	牵头
建筑工程专业课程中的计算机辅助教学	1997	二等奖	牵头
钢结构（教材）	1997	二等奖	牵头
土建类专业人才培养方案及教学内容体系改革的研究与实践	2001	二等奖	牵头
土建类专业工程素质和实践能力培养的研究与实践	2005	一等奖	参与
土木工程本科学生创新型、国际化人才培养体系与实践	2009	一等奖	牵头
工科学生创新能力培养体系的建立与实践	2009	二等奖	牵头
钢结构学科创新型人才培养教学体系建设	2009	二等奖	牵头
20年磨一剑——与国际实质等效的中国土木工程专业评估制度的创立与实践	2014	一等奖	牵头
全方位监控、多阶段跟踪、持续性改进、本研全覆盖的质量保证体系建设与实践	2014	二等奖	牵头
基于绿色发展理念的国际化工程人才培养体系的构建与实践	2018	二等奖	参与
入耳入脑入心 同向同行同频：以思政课为核心的课程思政教育教学改革与创新	2018	一等奖	参与
基于文化与技术整合的城乡建成遗产保护及传承特型人才培养体系	2018	二等奖	参与
职业性与学术性高度统一的专业学位硕士研究生培养模式创新与实践	2018	二等奖	牵头
土木工程专业世界一流人才培养的系统实践	2023	一等奖	牵头
从质量控制走向质量文化：大学人才培养质量保证体系的创新发展	2023	一等奖	牵头
面向重大工程产教深度融合的工程类专业学位研究生培养体系创新与实践	2023	二等奖	牵头
从地球到深空：新时代测绘领军人才培养的传承与创新	2023	二等奖	参与
深挖校本资源：高校"大思政"育人体系的探索与实践	2023	二等奖	参与
结构设计竞赛20年促进大学生创意创新创造能力培养的改革和实践	2023	二等奖	参与
"水土交融，场网共享"新时期大土木实践育人模式构建与示范	2023	二等奖	参与
扎根西北数十载，潜心耕耘创特色：西部地方高校土木工程专业建设探索与实践	2023	二等奖	参与
守正创新、交融成艺，道路交通领军人才培养改革与实践	2023	二等奖	参与
以"城校共生"为特色的大学创新创业教育体系构建与实践	2023	二等奖	参与

课程建设

土木系科始终以立德树人为根本任务,深入挖掘专业人才培养中的思政元素,在课程目标上坚持知识、能力、素质的有机融合,培养学生解决复杂问题的综合能力和高级思维;在课程内容上强调广度和深度,培养学生深度分析、勇于创新的能力;在教学内容上体现前沿性与时代性;在教学方法上体现先进性与互动性;在课程设计上增加研究性、创新性、综合性的内容,建设了一批国家级一流课程、示范课程和精品课程,持续发挥在学科教学中的示范引领作用。

国家级一流课程

课程类型	课程名称	主要负责人
国家级线上一流课程	基础工程设计原理	李镜培
国家级线上一流课程	混凝土结构基本原理	顾祥林
国家级线上一流课程	钢结构基本原理	赵宪忠
国家级线上一流课程	结构概念分析与 ANSYS 程序实现	郭小农
国家级线上一流课程	土木工程施工基本原理	徐 伟
国家级虚拟仿真实验教学一流课程	岩石隧道防火体系虚拟仿真实验教学系统	李晓军
国家级线下一流课程	荷载与结构设计原理	李国强、孙飞飞
国家级线下一流课程	桥梁工程	石雪飞
国家级线下一流课程	建筑结构抗震	熊海贝
国家级线上一流课程	建筑混凝土结构与砌体结构设计	高向玲
国家级线上一流课程	土力学(中英文)	钱建固
国家级线上一流课程	土木工程制图	吴 杰
国家级线上一流课程	桥梁工程全过程课程设计	阮 欣
国家级线上一流课程	工程机电	刘 匀
国家级线上线下混合式一流课程	土木工程信息化	李晓军
国家级线下一流课程	结构力学	孙飞飞
国家级线下一流课程	地下建筑结构	丁文其
国家级线下一流课程	工程地质	石振明
国家级虚拟仿真实验教学一流课程	道路虚拟施工教学实验	杨 轸
国家级线下一流课程	交通管理与控制	吴 兵
国家级线上一流课程	城市轨道交通结构设计与施工	周顺华
国家级线上一流课程	电子技术基础	黄世泽
国家级线上线下混合式一流课程	道路规划与几何设计	张兰芳
国家级线下一流课程	交通工程	吴娇蓉
国家级线下一流课程	测量学	程效军、冯永玖

国家级精品资源共享课程

课程类型	课程名称	主要负责人
国家级精品资源共享课程	桥梁工程	石雪飞
国家级精品资源共享课程	土木工程施工	徐 伟
国家级精品资源共享课程	钢结构基本原理	陈以一
国家级精品资源共享课程	混凝土结构基本原理	顾祥林
国家级精品资源共享课程	建筑结构抗震	吕西林
国家级精品资源共享课程	结构力学	朱慈勉
国家级精品资源共享课程	工程造价管理	徐 伟
国家级精品资源共享课程	钢筋混凝土结构	周建民
国家级精品资源共享课程	钢结构	何敏娟
国家级精品资源共享课程	土木工程施工基本原理	徐 伟
国家级精品资源共享课程	交通管理与控制	吴 兵

国家精品课程

课程类型	课程名称	主要负责人
国家精品课程	土木工程施工	应惠清
国家精品课程	工程结构荷载与可靠度设计原理	李国强
国家精品课程	桥梁工程	范立础
国家精品课程	钢结构	陈以一
国家精品课程	结构力学	朱慈勉
国家精品课程	高层建筑施工	应惠清
国家精品课程	混凝土结构基本原理	顾祥林
国家精品课程	工程造价管理	徐 伟
国家精品课程	建筑结构抗震	李国强
国家精品课程	钢结构	何敏娟
国家精品课程	建筑结构抗震	吕西林
国家精品课程	地下建筑结构	朱合华
国家精品课程	钢筋混凝土结构	苏小卒
国家精品课程	交通管理与控制	吴 兵
国家精品课程	测量学	程效军

全国课程思政教学示范课程

课程类型	课程名称	主要负责人
全国课程思政教学示范课程	工程伦理	顾祥林
全国课程思政教学示范课程	交通管理与控制	吴 兵
全国课程思政教学示范课程	运筹学	滕 靖

精品教材

土木系科开展教材建设政策调查、机制创新、资源建设、平台构建、推广示范等前瞻性、系统性研究工作，充分发挥教材对于高质量创新型人才培养的支撑，构建了本研一体化课程与教材体系，重构了土木工程专业实践创新课程和教材体系，构建了全专业英语课程和教材体系，结合在线课程建设推出"互联网+"时代新形态教材，将专业教育和思政教育深度融合，智能建造专业建设赋能新时代教材建设，形成了一大批理念先进、传承悠久、影响广泛的经典教材。

出版"十一五"和"十二五"普通高等教育本科国家级规划教材 31 部和 17 部；土木工程专业 28 部修订、新编教材入选住房和城乡建设部"十四五"规划教材；智能建造系列 25 部教材获批住房和城乡建设部"十四五"规划教材；5 部英文教材入选住房和城乡建设部"十四五"规划教材；积极推进数字化教材和土木信息工程系列教材建设。

"本研一体、虚实结合、线上线下混合、专业教育与思政教育融合"的立体化课程和教材体系建设理念和成果产生深远影响，获全国首届教材建设先进集体，全国优秀教材一等奖 2 项、二等奖 1 项，上海市普通高校优秀教材一等奖 5 项、二等奖 3 项。

第十三章 人才培养·面向未来的卓越人才

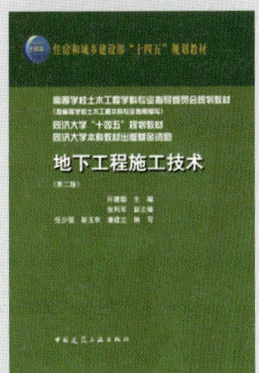

1

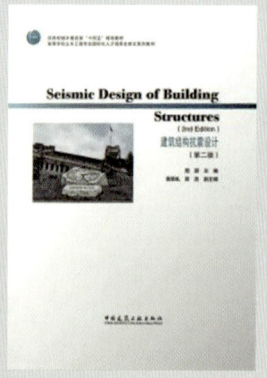

1

2

3

4

5

1. 精品教材封面
2. 全国教材建设先进集体证书（同济大学土木工程学院）
3. 全国优秀教材一等奖证书，《钢结构基本原理（第三版）》（沈祖炎、陈以一、陈扬骥、赵宪忠）
4. 全国优秀教材一等奖证书，《高等桥梁结构理论（第二版）》（项海帆）
5. 全国优秀教材二等奖证书，《高层建筑结构（第3版）》（吕西林）

教师课堂

教师是保障学生培养质量的关键。土木工程学院始终坚持教授授课的基本教学要求和教学特色，充分发挥教师在学生培养中的重要作用，营造积极向上的学习氛围，确保育人工作稳步推进和育人成效持续提升。

1. 工程专家为本科生授课
2. 小班化教学
3. 教师指导本科生课后分组讨论
4. 国外专家

▶ 石振明教授

▶ 吕西林院士

▶ 李杰院士

▶ 汪发武教授

▶ 应惠清教授

▶ 张其林教授

▶ 屈文俊教授

▶ 周颖教授

▶ 凌建明教授

▶ 徐伟教授

▶ 葛耀君教授

▶ 童乐为教授

实践教学

实践教学体系对于深化理论知识、提高实践能力、激发学习兴趣、培养创新意识均具有至关重要的作用。土木工程学院在长期的工科卓越人才培养的实践探索过程中,基于工程教育专业认证核心理念,以学生为中心,以工程能力和创新意识培养为导向,打造了一条包括教学实验、实习实践、全过程设计、毕业设计和创新项目的实验实践培养链,形成了"实践教学与理论教学和谐统一,知识学习、能力培养、创新精神并重培养""五结合一贯通"的实践教学体系。

教学实验

1. 学生参加教学实验

地质工程实习

2. 学生参加地质工程实习

认识实习

3. 学生参加认识实习

毕业设计

4. 学生毕业设计成果展示

学生科创

土木工程学院将学生科技创新活动纳入学生培养体系，围绕面向未来的拔尖创新人才培养目标，通过组织开展各级别创新创业项目、高水平学科竞赛等创新实践活动，为学生搭建创新及综合能力发展平台。学院设立大学生创新基地，结合土木工程新工科专业建设需求，整合硬件资源，打造600多平方米的专用场地，配套一批适合于大学生创新实践活动需求的仪器和设备，在面向土木专业学生开放的同时，鼓励跨学院、跨专业共享资源和多学科交叉课题的研究。

学院创新基地倡导兴趣驱动和目标引导的创新人才培养模式，秉承"学生是主人、老师是后台、全球是舞台"的宗旨，依托基地下设的土木工程科技创新中心、创新分俱乐部、美国土木工程师学会同济大学学生分会（ASCE-TongjiISG）、英国土木工程师协会同济大学学生分会（ICE-Tongji）、美国混凝土学会同济大学学生分会（ACI-Tongji）、媒体部等学生组织完成各创新项目和学科竞赛的管理和具体实施。

1. 创新基地竞赛圆厅
2. 创新基地未来设计实验室
3. 创新基地智慧感知实验室
4. 创新基地人机共融实验室

美国土木工程竞赛是由美国土木工程师学会（ASCE）创办的一项历史悠久、项目难度大、综合性强，对参赛大学生专业知识、工程素质、创新精神、团队协作与交流等综合能力都有很高的要求的著名大学生国际赛事。同济大学代表队自2007年首次参赛以来，成绩和影响力逐年提升，屡获佳绩，不仅扩大了同济土木的影响，为同济大学增添了荣誉，同时也成为同济大学学生创新实践活动的品牌项目和培养创新性卓越工程师的实践平台。

5. 2024美国赛队员
6. 挡土墙竞赛团队
7. 混凝土轻舟队
8. 水处理竞赛团队
9. 钢桥竞赛团队

土木工程学院的学子还在全国大学生结构设计竞赛、上海市"创造杯"大赛、上海市"挑战杯"、海峡两岸青少年创客大赛、"挑战杯"全国大学生课外学术科技作品大赛等一系列竞赛中屡获佳绩。

10. 海峡两岸青少年创客大赛
11. 新生结构赛
12. "挑战杯"全国大学生课外学术科技作品大赛
13. 上海市"创造杯"大赛
14. 全国大学生结构设计竞赛
15. 混凝土保龄球赛

中小学科普

为了以 STEM 项目为抓手，探索建设基础教育和大学人才培养贯通的创新型人才协同培养机制，同济大学土木系科教师走进中小学，在 STEM 理念引领下，采用创新方式，开展涵盖建筑设计、结构分析、材料科学等多个领域的科技创新课程；在分析专业知识的同时，引导中小学生思考社会、环境等问题，培养他们的工程意识和社会责任感。

1

1. K16 教育体系

2. 风洞实验室参观学习
3. 中国传统编木拱桥技术的学习与实践
4. "随风起舞的高层建筑"——纸塔模型制作

为持续深化工程教育改革,提高学生的科学素养和工程素养,激发中学生的学习兴趣、创新潜质及合作交流能力,加强大学与中学在人才培养理念上的衔接,同济大学每年举办全国中学生结构设计大赛,至今已举办了十二届。2023年,第十二届全国中学生结构设计大赛吸引了来自19个省、市、自治区的56所重点中学共262名学生参加。相关成果获上海市教学成果奖。

5. 2023年第十二届全国中学生结构设计大赛

第十四章 科学研究

立足前沿的学术先锋

CHAPTER 14

SCIENTIFIC RESEARCH: ACADEMIC PIONEERS ON THE CUTTING EDGE

土木工程学科是建筑业等国民经济支柱产业的关键学科。20世纪60年代至80年代，在李国豪院士等人的带领下，同济土木确立了土木工程学科在国内的领先地位和在国际上的知名地位；改革开放后，在孙钧院士、项海帆院士、卢耀如院士、范立础院士、沈祖炎院士的带领下，同济土木系科取得的科研成果和业绩享誉海内外。土木系科拥有土木工程防灾减灾全国重点实验室、国家土建结构预制装配化工程技术研究中心、地震工程国际合作联合中心、高速磁浮运载技术全国重点实验室、国家磁浮交通工程技术研究中心等高水平研究基地。近年来，土木系科获批国家重点研发计划项目、国家自然科学基金重点项目等高水平科研项目多项；牵头或参与获得国家技术发明奖、国家科技进步奖、国家自然科学奖等多项。吕西林院士、李杰院士、朱合华院士、童小华院士等先后获得国际或国内学术个人奖。土木工程学科在继续保持国内领先地位的同时，正逐步向世界一流学科迈进。

土木工程防灾减灾全国重点实验室

科研基地

国家重点实验室与研究中心

土木工程防灾减灾全国重点实验室于 2023 年 4 月由科技部正式批复成立，由始建于 1988 年的土木工程防灾国家重点实验室重组建立。总体目标是：面向国家"防灾减灾""韧性城市"等重大战略需求和土木工程防灾减灾国际科技前沿，开展工程结构全寿命防灾、重大结构多灾害防治、土木基础设施智能减灾、城市防灾韧性提升研究，打造土木工程防灾安全及韧性提升的国家战略科技力量。

2013 年 4 月由科技部批准，依托建筑钢结构教育部工程研究中心和重大工程施工技术与装备教育部工程研究中心建设国家土建结构预制装配化工程技术研究中心。重点针对土建结构工业化建造的五大核心技术开展研发工作。

地震工程国际联合研究中心成立于 2015 年 7 月，是由同济大学土木工程学院牵头，联合美国太平洋地震工程研究中心、东京工业大学城市灾害防治研究中心、欧洲地震工程研究中心、美国多学科地震工程研究中心、台湾地震工程研究中心、加拿大西部地震工程研究中心和新西兰地震工程研究中心等全球顶尖的七个地震工程研究中心成立的国际合作研究机构（International Joint Research Laboratory of Earthquake Engineering，ILEE）。

国家磁浮交通工程技术研究中心筹建于 2001 年 12 月，2005 年 4 月通过科技部验收，主要承担并组织国内优势力量和资源开展磁浮交通工程技术消化、吸收和装备的国产化研究，是我国磁浮交通技术研发、试验、产业推广和人才培养的重要基地。

高速磁浮运载技术全国重点实验室于 2022 年 11 月获

得科技部正式批复，依托中车四方股份公司、同济大学、上海申通集团有限公司共同建设，是领域内唯一的全国重点实验室。针对我国时速600千米级高速磁浮运载技术正处于理论研究转向工程应用的关键时机，着力解决高速磁浮系统工程化面临的、亟须解决的紧耦合大系统集成、多物理场系统耦合及解耦、电磁驱动与控制、高速运行安全保障等关键科学问题，为工程应用提供坚实的技术支撑；开展更高速、更广域的高速磁浮前瞻性、先导性、探索性的前沿引领技术研究，拓展高速磁浮技术应用，服务国家重大战略，支撑关系国防民生的重大领域。

省部级重点实验室

道路与交通工程教育部重点实验室于2000年被批准为教育部重点实验室，分别在2007年、2012年接受了教育部组织的专家评估。依托道路与机场铺面加速加载试验和交通行为与交通安全模拟两大实验平台，以"陆路工程力学与理论问题""复杂交通网络分析与实验理论问题"等基础研究为核心，以重载、复杂交通环境下重大工程疑难技术为重点，引领我国道路与交通领域的科学研究，成为我国该领域重大原创性成果研发的主要基地及国际合作交流的重要平台。

岩土及地下工程教育部重点实验室于2007年2月由教育部正式批准在同济大学立项建设。该重点实验室是岩土工程国家重点学科、岩土工程上海市重点学科、地质工程上海市重点学科开展科研工作的重要基地，目前有三个主要研究方向：软土力学理论与软土工程灾变控制、宏微观土力学理论与环境多场耦合、地下空间与工程安全控制理论与技术。该实验室已成为国内外岩土和地下工程领域学者们的重要学术交流窗口以及国际知名的岩土和地下工程研究中心。

同济大学工程结构性能演化与控制教育部重点实验室于2018年获教育部立项建设，并于2018年9月通过教育部组织的建设方案评审。

桥梁结构抗风技术交通行业重点实验室是在桥梁工程系桥梁抗风研究室和土木工程防灾减灾全国重点实验室风洞实验室的基础上组建而成的。同济大学的桥梁抗风研究始于接受上海沔港大桥风洞试验的1979年，近年来完成了国内外70多座大跨度桥梁的百余项抗风研究项目，为我国和世界大跨度桥梁建设和交通科技发展作出了重大贡献。

教育部城市环境与可持续发展联合研究中心于2005年5月21日在同济大学成立。联合研究中心将着重研究解决我国城镇化建设发展中日益突出的城市综合环境问题，依托多所高校多门学科的科技人力资源和重要科研设备资源，对单一城市、区域性城市实施环境评估，或对全国性城市环境重要问题进行综合研究，以此提供在城市可持续发展中与环境相关的高层次决策咨询。

2006年6月28日，建筑钢结构教育部工程研究中心由教育部批准立项建设，2010年5月18日通过教育部验收。

2007年8月，道路安全与环境教育部工程研究中心由教育部批准立项建设，致力于发展道路交通安全与环境共性关键技术，促进交通安全与环境技术的交叉与应用。

国家道路交通管理工程技术研究中心是经科技部批准组建的第一批国家级工程中心，依托单位为公安部交通管理科学研究所，同济大学分中心于 2008 年成立。

2014 年，重交通道路耐久与安全协同创新平台通过交通运输部的认定，成为其首批协同创新平台。该平台以"综合、绿色、平安、智慧"四个交通发展目标为导向，以交通运输行业基础性、战略性和前沿性的共性关键科学问题为研究重点。

2018 年 1 月，民航飞行区设施耐久与运行安全重点实验室成为中国民航局首批认定的 14 家民航重点实验室和工程技术研究中心之一。实验室在飞行区设施性能感知、长期性能分析理论、全寿命保障技术和运行安全管控等方面的研究已步入国际先进行列。

上海市轨道交通结构耐久与系统安全重点实验室于 2018 年正式获批。实验室集合了同济大学与申通集团的理论、技术及装备力量，在轨道交通工程建设安全、结构服役安全、智能维养、系统网络化运营安全与效能提升等领域进行了深入研究。

综合交通运输理论交通运输行业重点实验室于 2022 年获批。实验室围绕加快建设交通强国，构建现代化高质量国家综合立体交通网，开展综合交通运输基础理论、应用基础理论及共性关键技术研究。

上海市多网多模式轨道交通协同创新中心是以同济大学轨交院、磁浮中心为核心，组织校内相关专业学院，同时联合交通领域相关单位所形成的协同创新中心。2021—2025 年，该中心累计获得支撑资金约 2500 万元。

2020 年 12 月，磁浮技术铁路行业重点实验室成为首批认定的 7 家铁路行业重点实验室之一，依托同济大学磁浮交通相关学科及共建企业人才和试验设施，开展磁浮铁路前沿科学、基础科学、运维安全、环境作用、集成试验和系统优化等方面的研究，支持以企业为主体的设备与系统工程转化。

2024年1月，更高速动车组系统集成铁路行业工程研究中心揭牌仪式在中国中车旗下中车长客股份公司举行。该研究中心以更高速动车组为核心研究对象，围绕系统集成领域基础、核心、前沿技术，以"更加高速、更加安全、更加环保、更加节能、更加智能、更加自主、更可持续、系统更优"为主要研究方向。着力解决更高速动车组系统集成重大科学问题和共性关键技术，构建科学研究平台。

2023年6月，由同济大学牵头，上海申通地铁集体维护保障有限公司参与的轨道交通与磁浮服役安全创新中心入选上海市交通建设行业首批创新中心。该创新中心的重点工作主要包括：轨道交通安全评估、轨道交通虚拟＋实物测试验证、磁浮系统集成试验、城市轨道交通研究期刊知识创新服务。

其他实验室

学校还拥有建筑结构实验室、工程结构耐久性试验室、桥梁试验室、岩土工程实验中心、水利港口综合试验室、计算机辅助教学实验室（CAI实验室）等研究基地。

1. 建筑钢结构教育部工程研究中心成立暨建筑钢结构产业发展研讨会召开合影

2. 桥梁结构抗风技术交通行业重点实验室揭牌仪式

3. 道路安全与环境教育部工程研究中心建设验收会

4. TLJ-150复合型岩土离心试验机启用仪式

5. 国家道路交通管理工程技术研究中心成立同济大学分中心签字仪式

6. 重交通道路耐久与安全协同创新平台理事会

7. 民航科教创新高端对话会颁奖

8. 上海市轨道交通结构耐久与系统安全重点实验室建设项目专家验收会

9. 综合交通运输理论行业重点实验室建设推进会

10. 国家土建结构预制装配化工程技术研究中心建设启动会

11. 道路与交通工程教育部重点实验室

12. 工程结构性能演化与控制教育部重点实验室第一届学术委员会第一次会议召开（2019年）

13. 土木工程防灾减灾全国重点实验室雄安基地揭牌（2024年）

重大装备

1. TJ-3 大气边界层风洞
2. 全世界最大的多点地震模拟振动台阵
3. 三向六自由度地震模拟振动台
4. 10 000 千牛大型多功能结构试验系统
5. 一般大气环境室
6. TU-150 复合型岩土离心机
7. APT 路面结构加速加载设备
8. 结构试槽
9. 高温高压岩石三轴仪
10. 大型动静三轴仪
11. TJ-GPJ2000 盾构管片接头试验加载系统
12. 波流水槽

13. 交通行为与交通安全模拟实验平台

14. 同济大学嘉定校区 1:1 高速磁浮交通综合试验线

15. 同济大学嘉定校区 1:1 轨道交通综合试验线

科研活动

1. 高压油开关及避震器振动台试验研究（1990年）

2. 轻钢轻板建筑体系火灾试验（1999年）

3. 贝宁煤筒仓模型振动台试验

4. 网壳结构模型振动台试验（2011年）

5. 地震堰塞湖覆盖层堆积坝体振动台模型试验（2012年）

6. 风洞（TJ-1）试验——拉索风雨激振试验

7. 风洞（TJ-2）试验——主梁节段模型试验

8. 特大型LNG储罐抗（减）震试验（2012年）

9. 软钢阻尼器抗震性能伪静力试验

10. 锯齿形厂房（纺织厂）模型振动台试验

11. 李国豪（右）与项海帆（左）在风洞实验室讨论南浦大桥科研工作（1990年）

12. 李国豪与项海帆、范立础、石洞（从右至左）讨论广东九江大桥科研工作（1990年）

13. 铁路纵断面设计优化讨论会（1992年）

14. 杨浦大桥竣工荷载试验（1993年）

15. 范立础、李国豪、项海帆、林志兴（从左至右）在风洞实验室讨论虎门大桥科研工作（1995年）

16. 开展道路路面材料与结构研究（1996年）

17. 磁浮轨道梁连接件结构疲劳性能试验（2001年）

18. 上海卢浦大桥抗风模型试验（2002年）

19. 苏通长江公路大桥全桥气弹模型试验（2002年）

20. 城市及都市带的综合交通研究报告初稿研讨会（2003年）

21. 闵浦二桥引桥抗震性能试验（2008年）

22. 西堠门大桥现场测试（2009年）

23. 正交异性钢桥面模型疲劳试验（2012年）

24. 泰州长江大桥抗震性能试验（2013年）

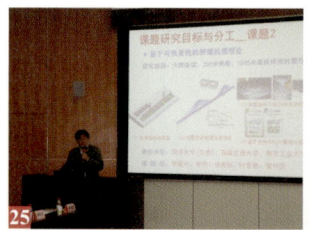

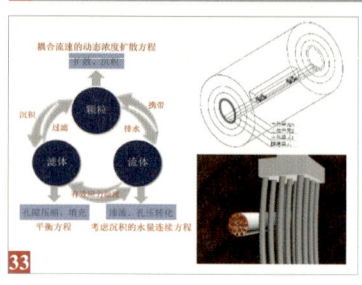
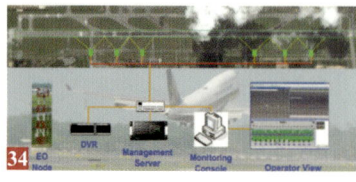

25. 国家 973 计划项目讨论会，项目首席科学家葛耀君在会上作报告（2013 年）

26. 潮流、泥沙冲淤数值模拟试验现场（2014 年）

27. 润扬大桥基坑

28. 孙钧院士（右二）亲临上海长江隧道联络通道冻结法施工现场

29. 《城市交通控制系统》获批国家"七五"重点科技攻关项目

30. "人工硬壳层"机场场道浅层地基处理技术应用

31. 高频重载交通路面设计理论与工程技术应用

32. 功能性路面

33. 轨道交通设施工程力学与技术

34. 机场道面设计理论、工程技术与管理系统

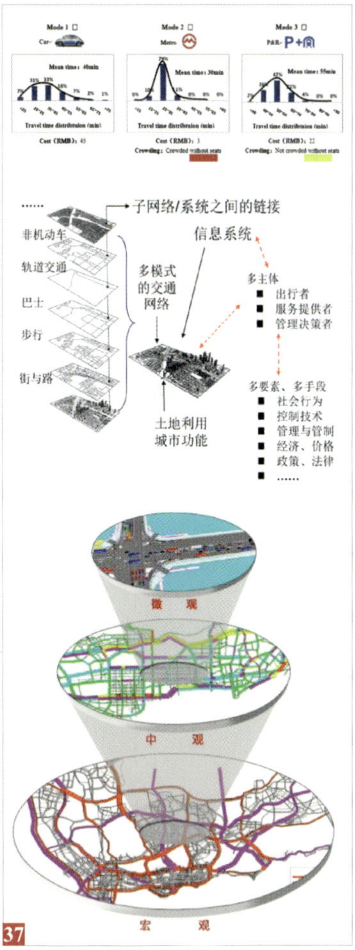

第十四章 科学研究·立足前沿的学术先锋

35. 路基结构设计理论与特殊路基工程技术
36. 智能交通系统及其关键技术
37. 复杂网络交通流理论与韧性分析
38. 车路协同理论与智能网联汽车测试技术

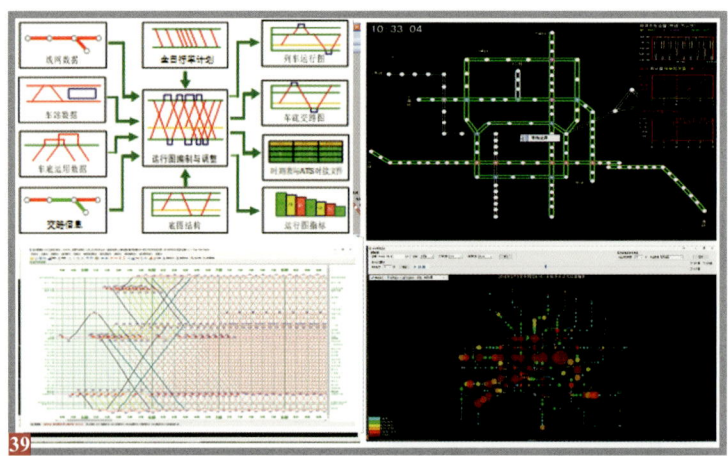

39. 研发了首套城市轨道交通列车运行图计算机编制系统，应用于北上广等 30 个城市 200 多条线路

40. 我国首条中低速磁浮商业运营线——长沙磁浮快线（2016 年）

41. 时速 600 千米高速磁浮试验样车在同济大学高速磁浮试验线上成功试跑（2020 年）

42. 目前世界上唯一的高速磁浮商业运营线——上海高速磁浮示范线（2002 年）

科研产出

科研获奖

1985 年以来，获省部级科技进步奖二等奖以上 200 余项，其中一等奖 70 余项；1999 年以来，获国家级科技进步奖一、二等奖 10 余项。

获得国家三大奖情况表（土木工程学院）

项目名称	参与人员	获奖年份	奖项
高耸钢结构设计理论研究与工程应用	王肇民、马人乐、何敏娟、邓洪洲、颜明忠、蒋演德、罗 烈、沈之容、马 星、赵晓阳	2001	国家科技进步奖二等奖
结构抗震防灾新技术研究及其工程应用	吕西林、周德源、卢文胜、施卫星、翁大根、钱 江、赵 斌、朱玉华、朱杰江、李学平	2006	国家科技进步奖二等奖
软土盾构隧道设计理论与施工控制技术及其应用	朱合华、黄宏伟、廖少明、杨林德、白廷辉、白 云、丁文其、胡向东、张冬梅、闫治国	2008	国家科技进步奖二等奖
润扬长江公路大桥建设关键技术研究	吉 林、孙 钧、钟建驰、黄 卫、冯兆祥、林 鸣、孙 伟、吴胜东、周志芳、缪昌文	2008	国家科技进步奖二等奖
大跨、高墩桥梁抗震设计关键技术	范立础、李建中、叶爱君、彭天波、王志强、袁万城、管仲国、魏红一、徐 艳、杨澄宇	2009	国家科技进步奖一等奖
新型组合剪力墙及筒体结构抗震理论与技术	曹万林、吕西林、钱稼茹、张建伟、吴晓涵、叶列平、蒋欢军、田宝发、王立长、王绍合	2009	国家科技进步奖二等奖
特大桥梁颤振与抖振精细化理论	葛耀君、朱乐东、项海帆	2010	国家科技进步奖二等奖
现代预应力混凝土结构关键技术创新与应用	吕志涛、薛伟辰、蒋立红、张喜刚、冯大斌、孟少平、朱万旭、程建军、苏如春、贺志启、潘钻峰、王景全、刘 钊、郭正兴、冯 健	2014	国家科技进步奖一等奖
大跨度桥梁结构和行车抗风安全的气动控制技术	葛耀君、宋 晖、项海帆、王昌将、曹丰产、杨詠昕	2015	国家技术发明奖二等奖
工程结构抗灾可靠性设计的概率密度演化理论	李 杰、陈建兵、陈 隽、吴建营	2016	国家自然科学奖二等奖
城市高密集区大规模地下空间建造关键技术及其集成示范	朱合华、刘新荣、周 松、闫治国、张季超、白廷辉、沈水龙、徐正良、衡朝阳、张继红	2016	国家科技进步奖二等奖
钢-混凝土组合结构与混合结构体系关键技术及其工程应用	白国良、陈以一、薛建阳、吴 涛、童乐为、薛永武、杨 勇、陈宗平、姜维山、赵鸿铁	2016	国家科技进步奖二等奖
消能-承载双功能金属构件及其高性能减震结构	李国强、侯兆新、毛志兵、孙飞飞、宫 海、陈 韬	2017	国家技术发明奖二等奖
建筑固体废物资源化共性关键技术及产业化应用	肖建庄、陈家珑、李秋义、李如燕、李福安、韩先福、杨安民、孙振平、王以峰、李 飞	2018	国家科技进步奖二等奖

续表

项目名称	参与人员	获奖年份	奖项
深部复合地层隧（巷）道TBM安全高效掘进控制关键技术	刘泉声、黄兴、刘斌、陈馈、李涛、张子新、朱元广、夏明锬、潘玉丛、卢景景	2020	国家科技进步奖二等奖
预应力结构服役效能提升关键技术与应用	曾滨、许庆、尚仁杰、周臻、潘钻峰、荣华	2020	国家技术发明奖二等奖
高层建筑风振分析理论与降载减振技术及其应用	杨庆山、田村幸雄、陈勇、黄国庆、唐意、曹曙阳、回忆、邹良浩、郭坤鹏、李波	2023	国家科技进步奖二等奖

获奖证书（土木工程学院）

获得国家三大奖情况表（交通学院）

项目名称	交通学院参与人员	获奖年份	奖项
中国铁路客票发售和预订系统	田宁	2000	国家科技进步奖一等奖
公路养护关键技术及系列装备的研究	孙立军	2005	国家科技进步奖二等奖
城市交通智能诱导系统与关键技术	孙立军、陈建阳、杜豫川	2007	国家科技进步奖二等奖
常导高速磁浮长定子轨道系统设计、制造和施工成套技术研究	吴祥明、汪天翔、黄靖宇、洪少枝	2007	国家科技进步奖二等奖
岩溶地区公路建设成套技术研究与应用	凌建明	2008	国家科技进步奖二等奖
时速250公里动车组高速转向架及应用	吴萌岭	2009	国家科技进步奖一等奖
大型军用运输机场场道工程建设新技术研究与应用	凌建明、赵鸿铎、袁捷、孙大权	2009	国家科技进步奖二等奖
重交通沥青路面设计的理论体系、关键技术及工程应用	孙立军、刘黎萍、张宏超、陈长、黄卫东、邵敏华	2009	国家科技进步奖二等奖
高原山区公路建设支撑技术	凌建明	2010	国家科技进步奖二等奖
盐渍土公路地区公路建设成套技术及工程应用	薛明	2013	国家科技进步奖二等奖

续表

项目名称	交通学院参与人员	获奖年份	奖项
砂卵石地层盾构隧道施工安全控制与高效掘进技术	周顺华	2015	国家技术发明奖二等奖
滨海地区粉细砂路基修筑与长期性能保障技术	凌建明、钱劲松	2016	国家科技进步奖二等奖
重载水泥混凝土铺面关键技术与工程应用	赵鸿铎、谈至明	2018	国家科技进步奖二等奖
地下工程穿越高速铁路的精细化控制技术及应用	周顺华、肖军华、王炳龙	2018	国家技术发明奖二等奖
智能网联车路系统与可信测试关键技术及其产业化应用	杜豫川	2023	国家科技进步奖二等奖

获奖证书（交通学院）

获得国家三大奖情况表（测绘与地理信息学院）

项目名称	测绘与地理信息学院参与人员	获奖年份	奖项
地球空间数据与空间分析的不确定性原理	童小华	2007	国家自然科学奖二等奖
航天重大工程的遥感空间信息可信度理论与关键技术	童小华、谢欢、刘世杰	2016	国家科技进步奖一等奖
西部山区大型滑坡潜在隐患早期识别与监测预警关键技术	刘春	2019	国家科技进步奖二等奖

获奖证书（测绘与地理信息学院）

规范编制

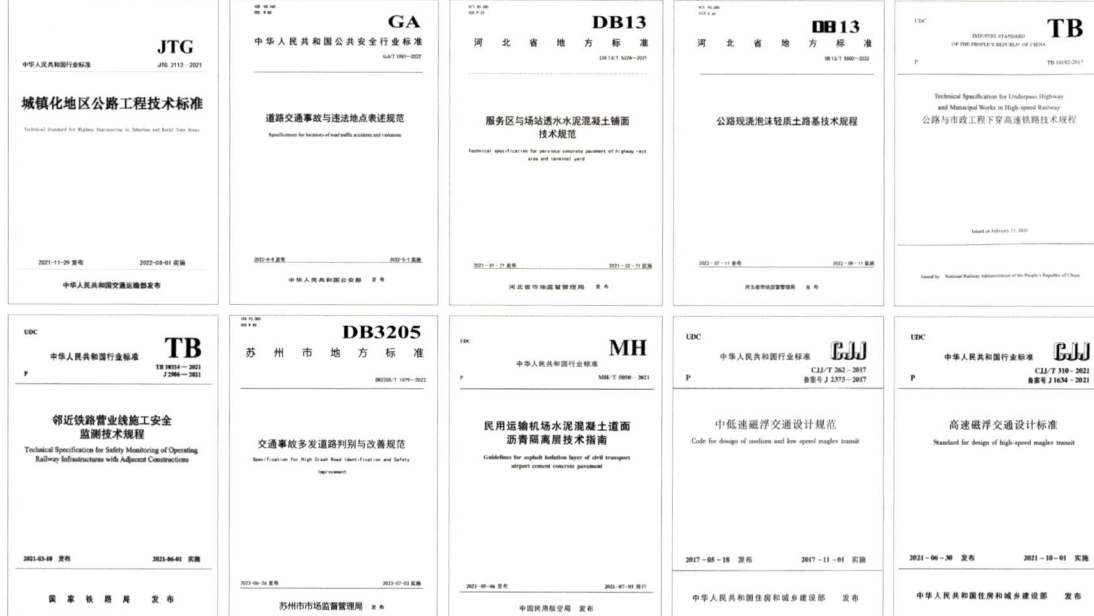

学术专著

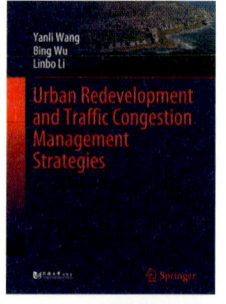

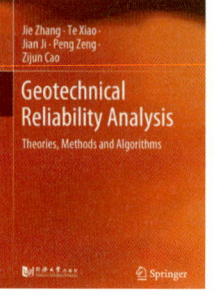

国际学术奖项

项海帆　国际桥协（IABSE）国际结构工程终身成就奖（2012年），国际风工程协会 Davenport 奖（2013年）

李　杰　美国土木工程师学会"弗洛伊登瑟尔奖章"（2014年）

朱合华　德国洪堡基金会洪堡研究奖（2015年）

庄晓莹　德国洪堡基金会"索菲亚·科瓦雷夫斯卡亚奖"（2015年）

葛耀君　国际桥协（IABSE）杰出结构奖（2008年），国际 T. Y. Lin 大奖（2016年），国际风工程协会 Davenport 奖（2022年）

吕西林　美国土木工程师学会"纽马克奖"（2017年）

陈建兵　国际结构安全性与可靠性协会青年学术成就奖（2017年）

庄晓莹　海因茨·迈耶-莱布尼茨奖（2018年）

黄宏伟　国际岩土安全协会 GEOSnet Award 突出贡献奖（2019年）

夏　烨　国际桥协优秀青年奖（2021年）

李国强　国际消防工程师学会 John L. Bryan 奖（2022年）

葛耀君　国际风工程协会 Davenport 奖（2022年）

操金鑫　国际风工程协会青年奖（2022年）

张　洁　国际结构安全性与可靠性协会青年学术成就奖（2022年）

陈建兵　德国洪堡基金会洪堡研究奖（2023年）

1. 项海帆院士获国际桥协（IABSE）国际结构工程终身成就奖（2012年）

2. 项海帆院士获国际风工程协会Davenport奖（2013年）

3. 李杰院士获美国土木工程师学会"弗洛伊登瑟尔奖章"（2014年）

4. 朱合华院士获德国洪堡基金会洪堡研究奖（2015年）

5. 庄晓莹教授获德国洪堡基金会"索菲亚·科瓦雷夫斯卡亚奖"（2015年）

6. 吕西林院士获美国土木工程师学会"纽马克奖"（2017年）

第十五章 社会服务 重大工程的技术保障

CHAPTER 15

SOCIAL SERVICE: TECHNIQUE SUPPORTS IN KEY ENGINEERING PROJECTS

服务社会是大学的使命，更是同济土木人的职责所在。土木系科作为同济的特色与优势学科，在新中国土木建设领域发挥了极其重要的作用，很多重大工程项目都凝结了同济土木人的智慧和汗水。同济土木以心系国计民生的开阔眼界、同世界接轨领先全国的专业水平、实事求是严谨务实的应用准则、勤勉踏实吃苦耐劳的工作作风，成为土木系科领域享誉世界的"同济品牌"，为国家大剧院、国家体育场（鸟巢）、中央电视台总部大楼、上海东方明珠广播电视塔、上海世博会中国国家馆、南浦大桥、卢浦大桥、东海大桥、上海浦东国际机场、京沪高铁、沪宁高速、上海南站、广州国际会展中心、上海国际赛车场、地铁建设、高架轨道、世博交通、港珠澳大桥等诸多重大工程提供了技术支持。

结构工程与防灾减灾工程

结构工程与防灾减灾学科为工程建设特别是重大工程建设项目提供技术支持。学科内容涉及试验研究、结构分析、设计、施工控制、抗震、抗火等多方面,解决了建设过程中大量的关键技术问题。

1. 上海大剧院:右图为模型振动台试验(1994年)

2. 上海八万人体育场:左下图为整体模型半拉半压试验(1996年),右下图为大型悬挑屋盖钢结构整体模型静力试验(1996年)

3. 上海环球金融中心:中图为节点试验(2004年),右图为结构模型抗震试验(2004年)

第十五章 社会服务·重大工程的技术保障

4. 金茂大厦、上海环球金融中心、上海中心大厦

5. 浦东T2航站楼

6. 国家会展中心

7. 浦东机场一期：左下图为钢结构82米屋架足尺试验（1997年）

8. 浦东机场二期：左下图为模型振动台试验（2007年），右下图为钢节点试验（2007年）

9. 广州新电视塔：上图为风洞试验，右下图为节点试验

10. 上海东方明珠广播电视塔：右图为结构模型振动台试验（1991年）

11. 国家大剧院：完成了壳体钢结构安装过程结构验算

12. 上海中心大厦：中图为外幕墙抗震性能研究（2010年），右图为整体结构模拟地震振动台试验（2010年）

13. 中国航海博物馆：中图为中央帆体幕墙工程索网模型试验，右图为节点试验

14. 广州国际会展中心：右图为钢结构试验

15. 国家体育场（鸟巢）：右图为钢结构节点性能试验

16. 河南电视塔：获2010—2011年度中国建设工程鲁班奖，中图为振动台试验，右图为风洞试验

17. 天津高银金融117大厦：右图为振动台试验

18. 上海世博园：上中图为中国馆国家馆结构模拟振动台试验，上右图为世博轴膜结构模型试验，下左图为主题馆消能减震技术应用，下右图为世博轴阳光谷节点试验

19. 左图为科威特中央银行新总部大楼，右图为印有该大楼的纸币

20. 重庆来福士广场抗震性能研究，左图为振动台模型，右图为实景图

21. 汶川地震抗震救灾土木工程学院第二批志愿者（2008年）

22. 专家为汶川地震灾后房屋作快速评估（2008年）

23. 汶川地震后房屋结构抗震加固，左图为都江堰市集能燃气有限公司办公楼采用组合消能支撑提高结构抗震性能（2008年），右图为四川省都江堰中学采用组合消能支撑提高结构抗震性能（2008年）

2008年，"5·12"汶川地震发生后，同济土木师生发扬"同舟共济、自强不息"的精神，第一时间成立"同济大学抗震救灾专业技术志愿服务队"，发挥专业特长，提供地震灾评、房屋应急评估等支援服务，并结合实际在建筑抗震方面开展了深入研究。

桥梁工程

1990年代，在李国豪院士的带领下，同济桥梁科研团队争取到了上海南浦大桥的自主建设权，开创了我国"自主建设"大跨径桥梁的新时代。此后，团队更是积极利用学科优势对接国家建设，在产学研紧密结合的链条之中为社会贡献力量，先后承担了诸如上海南浦大桥、杨浦大桥、卢浦大桥，东海大桥，杭州钱塘江三桥、四桥，江阴长江大桥，苏通长江公路大桥，西堠门大桥等具有世界先进水平的重大桥梁工程的科研、设计、施工及试验等生产实践工作，使同济桥梁成为我国桥梁事业发展的一面旗帜。

1. 港珠澳大桥

2. 世界最大跨度钢拱桥——卢浦大桥（主跨550米）的科研和设计（2003年）

3. 当时世界最大跨度斜拉桥——苏通长江公路大桥（主跨1088米）的科研和设计（2008年）

4. 南浦大桥：中国人自主建设的第一座大跨越斜拉桥，同济负责主持南浦大桥科研总承包、提出总体设计方案、参与联合设计（主跨423米，1991年）

5. 杨浦大桥

6. 主持东海大桥抗风抗震和结构体系性能研究

7. 世界最大跨度钢箱梁悬索桥——西堠门大桥（主跨1650米）的科研和设计（2009年）

8. 虎门大桥： 主持虎门大桥抗风抗震研究

9. 上海内环线高架桥： 上海内环线高架桥结构性能设计研究和联合设计

10. 润扬大桥： 主持（主跨1490米）润扬大桥抗风抗震锚碇基坑等关键技术的研究（2005年建成），右图为基坑钢筋沉放

11. 泰州长江大桥： 主持泰州长江大桥抗风抗震造型设计和结构体系性能研究

12. 杭州湾大桥： 主持杭州湾大桥抗风研究

隧道工程、岩土工程、地质资源与地质工程

20世纪80年代初起，同济土木积极参与国内城市建设和大型基建工程建设，尤其是上海市区的地下铁道、越江隧道、高层/超高层房屋的建造以及我国长江三峡工程、水电站工程、核电站工程的边坡和地下厂房的建造，解决基坑和软土地基工程的施工技术、岩土体流变力学与边坡稳定性、城市工程地质与工程环境响应、地质灾害、地面沉降、水资源与渗流耦合等关键问题。

1. 港珠澳人工岛
2. 港珠澳隧道
3. 峨汉高速大峡谷隧道
4. 上海轨道交通11号线盾构穿越重要建筑物施工扰动机理与控制关键技术
5. 上海轨道交通8号线隧道足尺试验（上海轨道交通8号线双圆衬砌三整环足尺试验）
6. 上海环球金融中心基坑工程

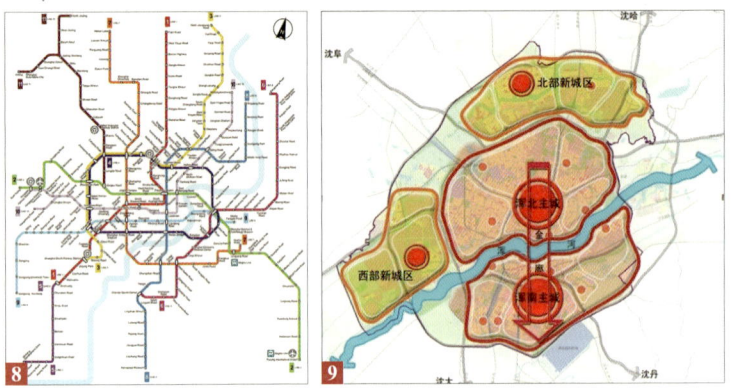

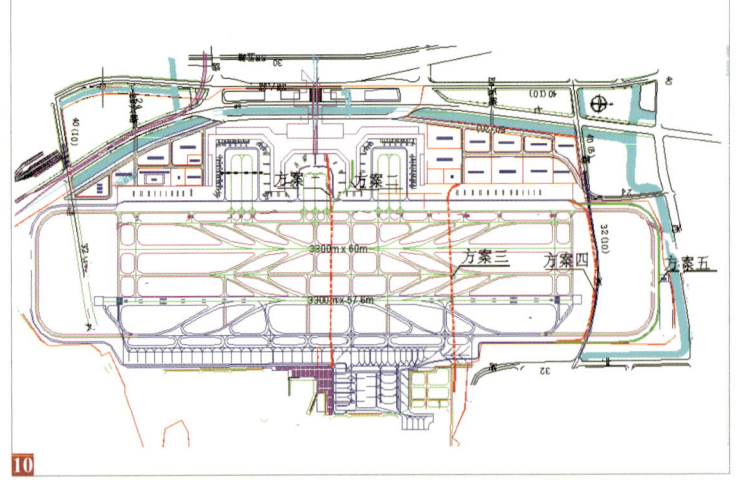

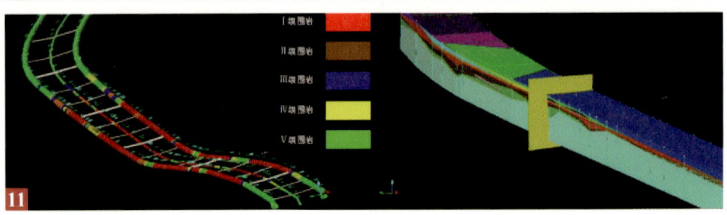

7. 上海世博园区地下大空间结构技术应用（2006年）

8. 上海轨道交通线路网

9. 沈阳市"两城、两区、多中心"的城市地下空间总体规划布局（2011年）

10. 软土地区机场飞行区地下穿越关键技术（上海轨道交通10号线下穿越飞行跑道）

11. 我国第一条海底隧道——厦门东通道海底隧道（翔安隧道）工程

第十五章 社会服务·重大工程的技术保障

12. 港珠澳大桥岛隧工程——沉管隧道

13. 青岛胶州湾隧道施工现场

14. 上海长江隧道工程衬砌整环足尺试验

15. 我国首座海上风电场——上海东海大桥风电场（2010年）

16. 洋山深水港地基加固工程

17. 上海市外环沉管隧道早期变形控制

18. 首条极寒地区的有轨电车园区专线"冬奥小火车"项目（2022年）

19. 国家"十三五"重大科技基础设施——北京高能同步辐射光源的环境微振动分析与控制（2020年）

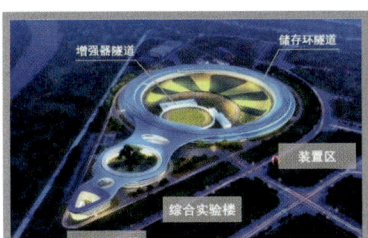
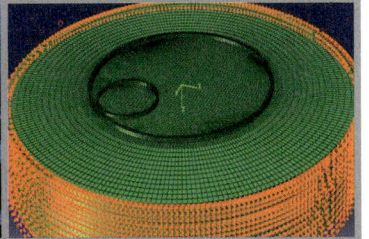

交通运输工程

充分发挥道路与铁道工程、交通运输规划与管理、交通信息工程与控制等学科的优势,将最新科研成果应用于高速公路、城市道路、机场工程、磁浮、高速铁路、城市轨道交通、智能交通等领域的诸多重大工程中,并取得了一系列卓越成果。

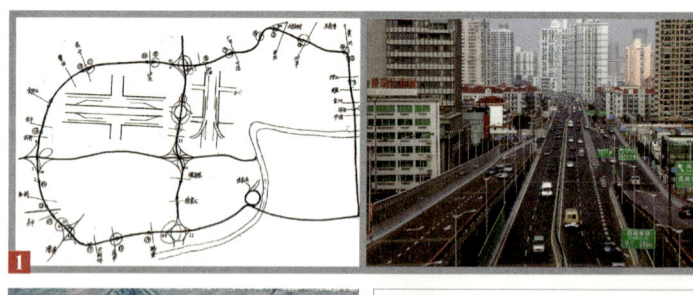

1. 国内第一条城市环形快速路——上海市内环线高架路匝道布设方案和交通监控方案(1991年)

2. 为国家重点建设工程——沪宁高速公路的江苏段工程和建设管理提供技术支持(1996年)

3. 中国第一个城市级在线交通仿真实验平台"深圳市智能交通公用信息平台"(2006年)

4. 为高原山区高速公路建设解决公路穿越哀牢山脉和无量山脉技术难题

5. 为上海国际赛车场F1赛道提供铺面材料与技术支持(2005年)

6. 承担上海世博会交通研究和交通规划(2010年)

7. 全国智能交通系统应用试点示范工程:上海市高架道路交通监控系统研究及工程示范(2007年)

8. 为上海世博会重大基坑开挖与杭州地铁越江隧道开挖提供技术支撑

9. 为虹桥机场、浦东国际机场等的跑道建设解决跑道路面材料和铺装技术难题

10. 为沿海高速铁路建设提供路基技术支持

11. 上海自然博物馆与轨道交通13号线共建工程

12. 为我国第一个F类机场跑道和我国第一个大型军用运输机（预警机）机场建设提供技术支撑

13. 为京沪高速铁路建设提供路基技术支持

14. 方守恩书记与参建北京大兴机场的校友们出席启动仪式

15. 开展上海东方综合交通枢纽及周边地区智慧交通应用场景和系统规划设计工作

16. 同济大学交通运输工程学院主导的智能跑道技术和沥青复合隔离层技术在成都天府国际机场场道工程中均得到了很好的示范与应用

17. 世界领先综合检测试验列车

测绘工程

测绘工程学科拥有教育部深空探测联合研究中心同济大学深空探测测绘遥感与导航定位分中心、上海市航天测绘遥感与空间探测重点实验室、iGMAS北斗分析中心同济大学分中心及创新应用中心、自然资源部现代工程测量重点实验室、教育部中国大陆构造环境监测网络工程联合研究中心同济大学分中心等多个省部级科研教育平台。

以解决国家重大战略需求为己任，积极面向行业和区域经济发展主战场，在航天重大工程遥感空间信息可信度理论与关键技术方面获得突破，为我国嫦娥三号、四号、五号及火星天问一号着陆悬停避障提供有力的科技支撑；在北斗导航、重力卫星、全球变化等重大任务和战略中贡献了同济力量。测绘工程学科还参与了南极科考、国家海底科学观测网、上海世博会场馆建设，在解决国家、上海市重大工程建设中的关键问题上发挥着重要作用。

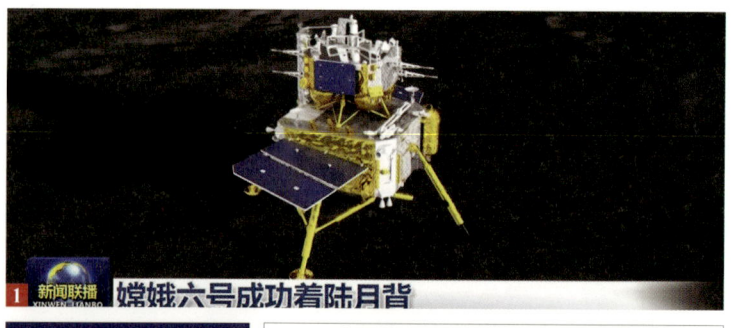

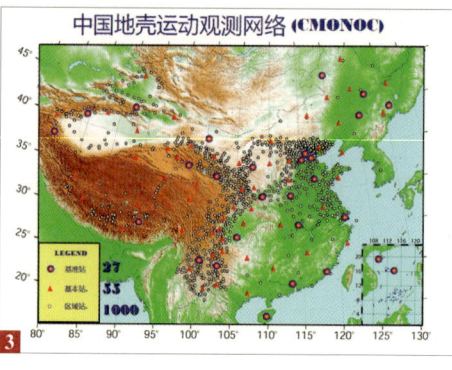

1. 嫦娥六号成功着陆月背
2. 南极科考
3. 中国地壳运动观测网络

市政工程

市政工程学科研究方向包括前沿给水处理理论与技术、城市水资源与给水排水工程设计运行最优化、污水与废水处理理论与技术、水处理新领域技术与理论、建筑给水排水市政技术与工程理论等。面对国家在污染防治攻坚、乡村振兴等方面的重大需求，贡献同济力量。

污染防治攻坚战

技术成果应用于东深供水工程、老港垃圾填埋厂等项目以及我国多个流域的污染治理重大工程中，积极助力国家打好污染防治攻坚战，推进生态文明建设。

乡村振兴

为云南省云龙县"厕所革命"提供改厕技术规程，实现了粪污无害化和资源化利用，有效保障当地脱贫过程中人居环境的有效提升。免水冲资源化厕所技术方案解决了新疆尼勒克县喀拉苏乡改厕难题，改善了乡村人居生活环境。生态环保厕所被应用于雄安新区、安徽阜南、吉林长春、陕西延安等全国20多个省市的农村地区。

1. 城市生活污水处理厂污泥厌氧消化工程
2. 同济大学环境科学与工程学院师生实地考察

建筑环境与能源应用工程

面向国家经济发展与城镇建设,在建筑环境控制、能源供给系统、建筑设施智能化等工程领域,贡献了同济力量。

标志性建筑: 上海环球金融中心、上海中心大厦、中央电视台总部大楼、国家游泳中心(水立方)、武汉火神山医院、上海迪士尼度假区等。

大科学装置: 上海光源、江门中微子实验站、硬 X 射线自由电子激光装置。

标志性工程: 爱达·魔都号邮轮。

1. 上海中心大厦
2. 武汉火神山医院
3. 上海迪士尼"能源站"
4. 硬 X 射线自由电子激光装置
5. 江门中微子实验站
6. 上海光源
7. 爱达·魔都号邮轮

土木学科方向规划

土木系科注重前沿研究和学科交叉，从传统的关注建筑与基础设施的安全、经济向关注低碳、智能、韧性方向发展，并不断向深海、深地、深空方向迈进，致力于成为人类梦想家园的引领者。

1. 夯实校企战略合作，蓄力卓越工程师培养，有组织培育项目

第十六章 国内合作
多层发展的协同平台

CHAPTER 16

DOMESTIC COOPERATION: MULTI-LEVEL COORDINATION PLATFORM

同济土木系科一直立足国内学科发展的前沿,加强同国内同行的多方交流,积极同政府、企业、高校进行深度交流与合作,共建科研实习基地、搭建校企合作平台、探讨联合办学模式,形成紧密的产学研联盟;主办或承办了土木工程领域各学科高水平的国内学术会议,为土木工程的学科发展和人才培养提供多途径、多层次的交流合作平台。

第十六章　国内合作·多层发展的协同平台

同济大学高铁及站城融合研究院揭牌成立（2024年）

平台建设

1. 同济精工钢结构技术研究中心十周年年会合影

2. 高等学校道路运输与工程教学指导分委员会工作会议（2010年）

3. 与上海城建集团共建沥青混合料联合实验室（2014年）

4. 中国民用航空局-同济大学合作交流座谈会（2021年）

5. 上海市公安局交通警察总队与同济大学框架合作协议签约仪式（2024年）

6. 第十四届全国高校交通类学院党委书记论坛（2024年）

7. 沈祖炎院士——上海钢之杰钢结构建筑有限公司院士专家企业工作站揭牌仪式

8. 同济大学与上海隧道工程股份有限公司签署战略合作协议

9. 中国智慧基础设施产学研协同创新平台成立平台揭牌仪式（2024年）

10. 土木工程学院与港澳高校深化合作（2024年）

11. 中国土木工程学会绿色建造与运维分会成立大会暨"绿色建造与运维"发展论坛（2024年）

12. 同济大学新型能源系统基础设施研究院成立大会暨第一届学术研讨会（2024年）

学术交流

1. 举办上海市研究生学术论坛——演变中的城市交通问题解析与对策之分会场（2011年）

2. 举办第二届建筑结构抗震减震新技术研讨会（2011年）

3. 第十五届全国结构风工程学术会议暨第一届全国风工程研究生论坛（2011年）

4. 扬州大学土木工程系师生参观同济大学土木工程防灾国家重点实验室（2011年）

5. 第二届建筑结构抗倒塌学术交流会合影（2012年）

6. 第八届全国高强与高性能混凝土学术交流会合影（2012年）

7. 举办汶川地震五周年工程抗震设计与新技术应用研讨会（2013年）

第十六章 国内合作·多层发展的协同平台

8. 举办第八届全国工程地质高层论坛合影（2015年）

9. 举办2018中国隧道与地下工程大会合影（2018年）

10. 举办交通发展高峰论坛暨同济大学交通学科106周年、交通运输工程学院20周年纪念大会（2020年）

11. 中国民用航空局·同济大学合作交流座谈会（2021年）

12. 举办第一届交通与运载工程学科发展战略论坛合影（2021年）

第十七章 国际交流
覆盖全球的合作网络

CHAPTER 17

INTERNATIONAL COMMUNICATION:
WORLDWIDE NETWORK OF COLLABORATION

　　国际化是同济土木系科自创立之初就确立的发展策略。改革开放以来，在恢复与德国全面合作的同时，同济大学加强了与美国、日本、法国、意大利、奥地利、澳大利亚等国的合作与交流。21世纪以来，土木系科坚持国际化办学，同国外高校及企业的交流与合作日益增强，不仅支持学生开展国际实习和联合毕业设计，还举办了大量具有国际影响力的学术会议，邀请来自世界各地知名大学的专家对土木系科进行国际评估，充分展示了自信与实力，使得"同济土木"成为享誉国际的世界品牌。

2024年3月同济大学与波鸿鲁尔大学签署共建中德智慧基础设施研究中心框架协议

国际学术组织任职

土木工程学院教师任国际重要学术组织的主席或副主席 13 人次，任国际高影响力期刊名誉主编、主编、执行主编或副主编 38 人次。

国际协会主席 / 副主席
国际桥梁与结构工程协会 Interational Association for Bridge and Structural Engineering
国际岩石力学协会 International Society for Rock Mechanics
国际地下空间联合研究中心 Associated Research Centers for the Urban Underground Space
国际结构安全性与可靠性协会 International Association for Structural Safety and Reliability
国际计算力学协会 International Association for Computational Mechanics
国际实验结构工程协会 International Association for Experimental Structural Engineering
地震工程国际合作联合实验室 International Joint Research Laboratory of Earthquake Engineering
国际减震控制学会 Anti-Seismic Systems International Society
国际地质灾害与减灾协会 International Consortium on Geo-disaster Reduction
世界结构工程协会 The Structural Engineers World Congress (SEWC)
国际空间薄壳协会 International Association for Shell and Spatial Structures (IASS)
国际桥梁地震工程协会 The International Association of Bridge Earthquake Engineering(IABEE)

国际期刊	姓名	职务
AI in Civil Engineering	赵宪忠	主编
ASCE-ASME Journal of Risk and Uncertainty in Engineering Systems	陈建兵	副主编
	黄宏伟	副主编
ASCE Journal of Bridge Engineering	孙利民	副主编
ASCE Journal of Structural Engineering	王晓伟	副主编
ASME Journal of Offshore Mechanics and Arctic Engineering	张自立	副主编
Engineering Failure Analysis- Civil Engineering	任晓丹	副主编
Engineering Geology	庄晓莹	副主编
European Journal of Environmental and Civil Engineering	黄茂松	副主编
	顾晓强	副主编
Frontiers of Structural and Civil Engineering	崔俊芝	主编
	葛耀君	执行主编
	顾祥林	执行主编
	刘 芳	执行主编
	王 伟	执行主编
	朱合华	执行主编
Geoenvironmental Disasters	汪发武	主编
International Journal of High-Rise Buildings	李国强	主编
International Journal of Physical Modelling in Geotechnics	马险峰	主编
International Journal of Steel Structures	李国强	主编
Journal of Asian Architecture and Building Engineering	吕西林	荣誉主编
Journal of Constructional Steel Research	周 锋	副主编
Low-carbon Materials and Green Construction	肖绪文	主编
	肖建庄	执行主编
Prestress Technology	项海帆	荣誉主编
	孙利民	主编
	李方元	执行主编
Proceedings of the Institution of Civil Engineers - Bridge Engineering	王晓伟	副主编
Resilient Cities and Structures	吕西林	荣誉主编
	周 颖	主编
Rock Mechanics Bulletin	张丰收	执行主编
Soil Dynamics and Earthquake Engineering	周 颖	副主编
Structure and Infrastructure Engineering	陈艾荣	副主编
	陈建兵	副主编
The Structural Design of Tall and Special Buildings	吕西林	主编
Underground Space	朱合华	主编
	张 洁	执行主编
	张 锋	执行主编

国际学术中心

自 2015 年起,土木工程学院成立了地震工程国际合作联合实验室、土木工程防灾减灾创新引智基地、中德智慧基础设施研究中心、工程可靠性与随机力学国际联合研究中心、风工程国际合作联合实验室、国际韧性基础设施联合研究中心、全球智慧基础设施研究中心、中比工业化建造联合实验室等国际化实验室、研究中心或基地。

1. 中国智慧基础设施联盟暨全球智慧基础设施研究中心成立大会合影

2. 地震工程国际合作联合实验室成立合影

3. 国际韧性基础设施联合研究中心成立大会在同济大学召开(2021年11月14日)

4. 同济大学与美国加州大学伯克利分校共同庆祝"同济−伯克利联盟"成立十周年（2021年10月19日）

5. 2023年土木工程学院期刊中心年会合影

6. 第27届KKHTCNN土木工程研讨会合影

7. 联合国教科文组织教育助理总干事斯蒂法尼亚·贾尼尼（Stefania Giannini）来校访问（2023年）

8. 第五届国际非饱和土力学与废物处置学术研讨会合影（2023年）

9. 第十届光华学术论坛（The Tenth Kwang-Hua Forum）在同济大学成功举办（2023年12月）

引智计划

2013 年，土木工程学院获批了教育部高等学校学科创新引智计划，成立了"土木工程防灾减灾创新引智基地"（即 111 引智基地）。

引智基地架构图

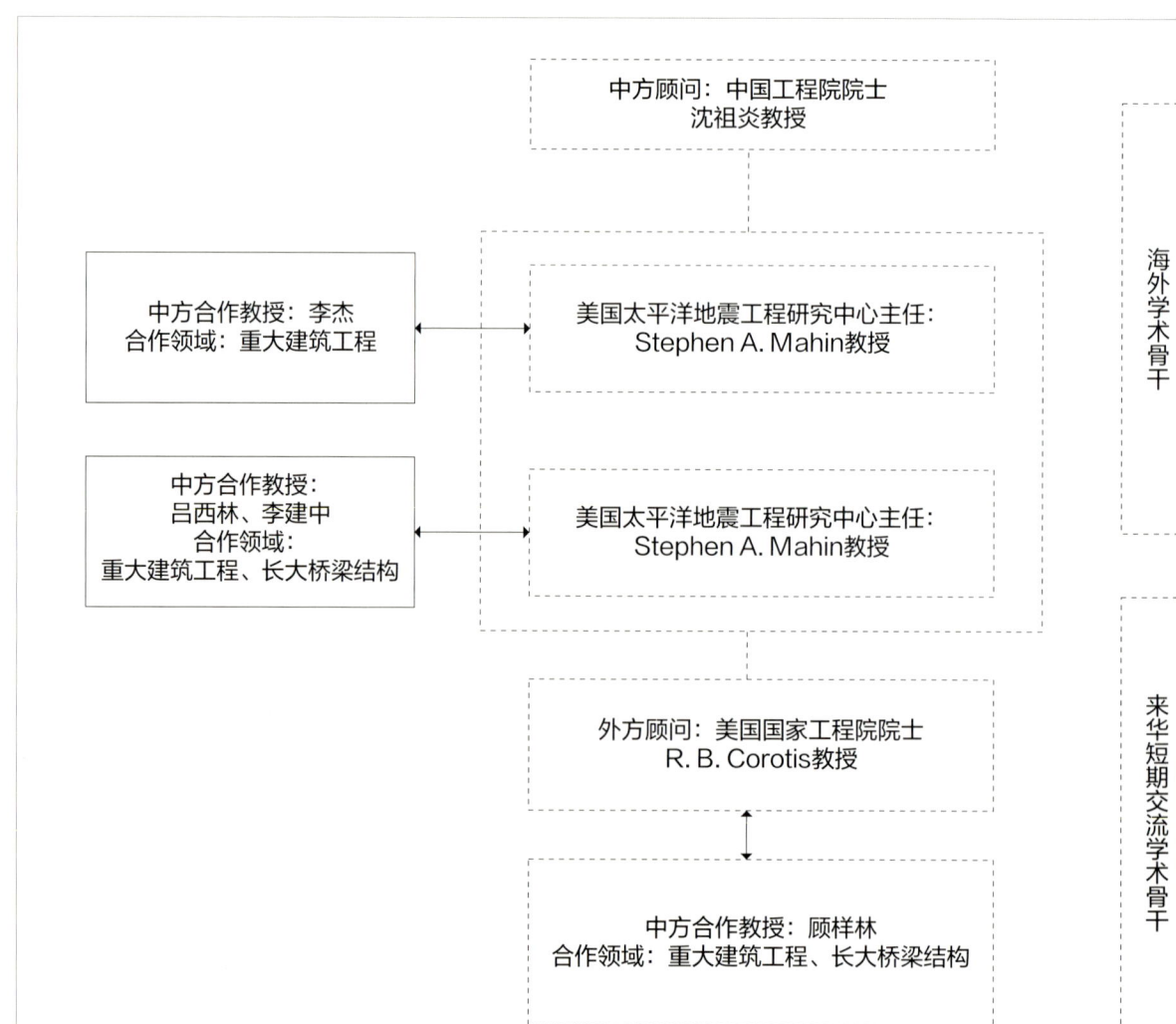

第十七章　国际交流·覆盖全球的合作网络

1. Stephen A. Mahin（右），加州大学伯克利分校教授，2008年被聘为同济大学兼职教授。曾任美国太平洋地震工程研究中心主任、国际实验结构工程学会副主席

2. Ross B. Corotis，美国科罗拉多大学教授，科罗拉多大学波德分校工学院院长，美国国家工程院院士。曾担任 ACI 结构安全委员会、ASCE 结构安全与可靠性委员会、ASCE 最小设计荷载标准委员会主席，*Structural Safety*、*ASCE Journal of Engineering Mechanics* 等期刊主编

3. Pol D. Spanos 院士（右），美国莱斯大学布朗工学院土木与环境工程系教授、美国国家工程院院士、希腊科学院通讯院士、印度工程院外籍院士、欧洲科学与艺术院院士、中国科学院外籍院士，获"庆祝中华人民共和国成立70周年"纪念章颁发

Luc Taerwe 教授	中方合作教授：袁勇 合作领域：重大建筑工程
Y. C. Wang 教授	中方合作教授：李国强 合作领域：重大建筑工程
G. A. Kopp 教授	中方合作教授：葛耀君 合作领域：长大桥梁结构
Sohn Hoon 教授	中方合作教授：孙利民 合作领域：长大桥梁结构
Kok-Kwang Phoon 教授	中方合作教授：黄宏伟 合作领域：复杂隧道及地下空间
Kenichi Soga 教授	中方合作教授：黄宏伟 合作领域：复杂隧道及地下空间
Fabio Biondini 副教授	中方合作教授：吕西林、顾祥林 合作领域：重大建筑工程
Panagiotis Kotronis 教授	中方合作教授：吕西林 合作领域：重大建筑工程
Stefano Utili 副教授	中方合作教授：蒋明镜 合作领域：复杂隧道及地下空间
Giovanni B. Crosta 教授	中方合作教授：蒋明镜 合作领域：复杂隧道及地下空间
Timon Rabczuk 教授	中方合作教授：朱合华 合作领域：复杂隧道及地下空间

教师互访

1. 加州大学伯克利分校 Kanafani 教授来同济大学讲座（1988 年）

2. 国际著名结构专家林同炎教授来校作学术报告（1988 年）

3. 沈祖炎教授、陈以一教授访问日本川崎重工（1997 年）

4. 李国强教授参加桥梁与结构工程国际学术交流会

5. 加拿大麦克马斯特大学 Peijun Guo 教授、日本山口大学 Yukio Nakata 教授来访

6. 名誉教授、国际桥协副主席约克·施莱西（Joerg Schlaich）来桥梁系讲学（2003 年）

7. 陈以一教授、丁洁民教授访问德国设计院（2003 年）

第十七章　国际交流·覆盖全球的合作网络

8. 加拿大不列颠哥伦比亚大学（UBC）Foschi 教授作学术报告（2004 年）

9. 诺贝尔经济学奖得主、欧洲经济学会主席、德国波恩大学泽尔滕教授来访（2005 年）

10. Stephen A. Mahin 教授访问同济大学土木工程学院（2010 年）

11. 顾祥林教授在荷兰 Delft 参加博士生 Jian Zhou 的毕业论文答辩（2011 年）

12. 美国国家工程院院士、普林斯顿大学教授 Erik Vanmarcke 作讲座（2011 年）

13. 交通工程系杨东援、吴兵等教授访问日本京都大学（2011 年）

14. 桥梁系教师组团参加国际风工程会议（2011 年）

15. 法国公共工程、建筑和工业大学校长一行来访（2011 年）

16. 朱合华教授赴英国参加剑桥大学智慧基础设施与施工中心第二届国际顾问咨询会（2014 年）

17. 马万经教授出访台湾地区（2018 年）

18. 肖飞鹏教授在迪拜参加学术交流（2018 年）

19. 方守恩教授与交通学院教师一同出访意大利（2023 年）

国际合作

1. 学院专家参加面向21世纪的土木工程专业教学国际研讨会

2. 与美国得克萨斯大学签署合作协议

3. 方守恩教授向评估专家介绍学科建设情况

4. 中日合作项目：上海地区土层共振周期测量、设定地震研究及结构抗震

5. 钢框架结构基础隔震试验研究国际合作（中国—日本）项目

6. 与美国 WELL STREAM 公司合作，开展深海石油软管的试验研究（2002年）

7. 桥梁工程系承担日本名古屋矢田川大桥风洞试验，图为日本著名桥梁专家伊藤学教授、山田教授等正在TJ-3边界层风洞中察看全桥气弹模型风洞试验情况（2002年）

8. 中奥隧道与地下工程研究中心成立于2007年10月，双边每年开展学术交流活动，图中为中心专家在现场学术交流

9. 与加拿大林产工业研究院（FPInnovations-Forintek）合作进行木结构、混凝土结构抗震系列研究（2008年）

10. 名古屋工业大学与同济大学合作研究课题：The shaking table test of steel bridge piers（2009年）

11. 同济大学交通运输工程学院与新加坡交通管理局、新加坡交通学院签署合作备忘录（2009年）

12. 同济大学城市轨道与铁道工程系与英国、印度专家合作项目（2010年）

13. 第一届同济-伯克利联盟合作研讨会会场（2011年）

14. 土木工程学院邀请8位来自世界各地知名大学的专家对同济大学土木工程学科进行国际评估（2011年）

15. 土木工程学院国际评估期间，参加评估的部分专家参观试验室建设工地（2011年）

16. 同济大学与博洛尼亚大学签署合作协议（2013年）

17. 同济大学交通运输工程学院与通用汽车、弗吉尼亚理工合作"自然驾驶"项目启动仪式（2012年）

18. 交通运输工程学科国际评估委员会合影（2013年）

19. 与美国马里兰大学签署交流合作协议（2013年）

20. 与美国克莱姆森（Clemson）大学签署同济大学第一个双博士学位协议（2014年）

21. 印度铁道部专家访问同济大学交通运输工程学院研讨合作（2014年）

22. 土木工程学院与新西兰奥克兰大学签署院际谅解备忘录（2024年）

23. 土木工程学院与剑桥大学工程系在土木领域签署了首个院际谅解备忘录，双方将在学生交流、科研合作等领域探索多元合作模式（2024年）

举办国际学术会议

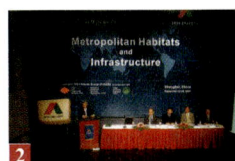

1. 第三届东亚及太平洋地区桥梁学术会议（1991年）

2. 国际桥协(IABSE)学术大会（2004年）

3. 国际桥梁与结构工程协会2004年大会（2004年）

4. 第四届钢结构进展国际会议（2005年）

5. 国际华人交通论坛（2007年）

6. 第二届实验结构工程进展国际会议（2007年）

7. 第二届AESE国际会议（2007年）

8. 2008年汶川地震后，土木工程学院每年举办一次光华国际论坛，邀请国内外著名专家就地震工程和可持续发展的土木工程前沿学科问题进行交流，至2023年已成功举办了10届，图为2008年10月10日第一届光华学术论坛合影

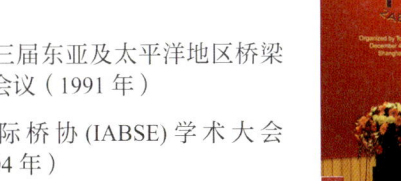

9. 国际桥协"当代大桥"学术讨论会（2009年）

10. 第七届历史建筑结构分析国际会议（2010年）

11. 第九届索动力学国际会议（2011年）

12. 新一代铺面结构和材料国际研讨会（2011年）

13. 第四届光华学术论坛暨同济大学多功能振动台阵启用仪式（2011年）

14. 第一届国际风工程高级论坛（2012年）

15. BBAA Ⅶ Colloquium Shanghai 2012

16. 第八届结构抗火国际会议（SIF）（2014年）

17. 第二届道路接入管理国际会议（2014年）

18. 举办第十四届世界交通大会（2016年）

19. "同济-WCTRS国际交通研究中心"成立（2019年）

20. 交通运输工程学院教师每年参加TRB会议（2018年）

第十七章　国际交流·覆盖全球的合作网络 209

21. 同济大学正式加入国际铁路联盟（UIC）（2019年）

22. 召开第六届道路与机场工程前沿国际研讨会（IFRAE）（2023年）

23. 举办第三届国际轨道交通学术会议（2024年）

24. 建成环境可持续性全球共识（GLOBE）"建筑隐含碳排放核算与减碳"中国研讨会（2024年）

25. GeoShanghai 2024 国际学术会议（2024年）

26. 4月25日至27日，第4届国际易损性和风险分析与管理学术会议暨第8届国际不确定性建模与分析学术研讨会（ICVRAM-ISUMA 2024）在同济大学召开（2024年）

学生交流

土木工程学院不断拓展与美国、英国、欧盟、加拿大、澳大利亚、日本、韩国、新加坡、中国香港及中国台湾等国家和地区的交流与合作，已形成了具有同济土木特色的主动型、高起点、多方位、本硕博全覆盖的国际交流与合作体系，合作重点正逐步实现从注重数量向追求质量转变。目前，土木工程学院已同境外 20 多所大学签署了双学位合作协议，与境外 40 多所大学签署了非学位的学生交流项目，每年举办各类课程学习、暑期学校、联合毕业设计、学术研讨会等交流项目，形成了本硕博全覆盖的国际交流合作平台，不仅拓展了学生的国际视野，促进了学生创新能力的培养，也吸引了越来越多的外国留学生来本院学习。2012 年，土木工程学院设立了结构工程国际硕士研究生项目，采用全英文教学模式，具有完备的针对留学生的课程体系。2015 年，同济大学土木工程学科获得上海市 I 类高峰学科资助。为了更好地培养国际一流人才，扩大土木工程学科的国际影响力，学院设立了土木工程国际博士生项目，目前已具有完整的课程体系，且采取全英文授课方式。2017 年和 2018 年，土木工程学院从教育部成功申请到了面向"一带一路"倡议背景下的土木工程国际博士生培养项目，以便更好地服务于"一带一路"合作伙伴的土木基础设施建设，培养高层次国际化人才。

双学位项目汇总表

编号	国家或地区	合作学校	培养对象
1	澳大利亚	莫纳什大学	本科生
2		悉尼大学	博士研究生
3		斯威本科技大学	博士研究生
4	英国	诺丁汉大学	硕士研究生
5		杜伦大学	博士研究生
6	法国	法国国立路桥大学（ENPC）	硕士研究生
7		法国南特中央理工大学（EC Nantes）	硕士研究生
8		法国高等矿业学校集团（GEM）	硕士研究生
9		法国公共工程、建筑和工业大学校（ESTP）	硕士研究生
10		法国里昂国立应用科学学院	硕士研究生
11		法国国立国家公共工程大学校（ENTPE）	硕士研究生
12	意大利	特兰托大学	硕士研究生
13		博洛尼亚大学	硕士研究生
14		都灵理工大学	硕士研究生
15	奥地利	维也纳理工大学	博士研究生
16	加拿大	韦仕敦大学（西安大略大学）	博士研究生
17	西班牙	加泰罗尼亚理工大学（UPC）	硕士研究生
18		马德里理工大学（UPM）	硕士研究生
19	美国	伯克利加州大学	本科＋硕士 (3+1+1)
20		弗吉尼亚理工大学	硕士研究生
21		克莱姆森大学	博士研究生
22	日本	德岛大学	博士研究生
23		名古屋工业大学	硕士研究生
24	俄罗斯	达姆斯塔特工业大学	博士研究生
25	中国台湾	逢甲大学	研究生
26	中国香港	香港理工大学	硕士、博士研究生
27		香港城市大学	博士研究生
28		香港科技大学	博士研究生

1. 韩国首尔大学师生来访（2006年）

2. 德国莱比锡大学师生来访（2006年）

3. 美国休斯敦大学学生来访（2009年）

4. 美国杨柏瀚大学师生访问交通运输工程学院（2010年）

5. 师生赴澳大利亚交流访问（2010年）

6. 日本大阪城市大学师生来访（2010年）

7. 同济大学桥梁工程系主办亚太智能结构技术暑期学校（2011年）

8. 结构防灾减灾工程系师生与美国北卡罗莱纳州立大学交流学生Benjamin Smith合影（2011年）

9. 土木工程学院10级专业学位研究生王艾凯、邹伟彪、赵文深受新加坡Ryobi Geotechnique International Pte. Ltd（Singapore）聘请，开展为期一年的专业学位研究生实习活动。这也是土木工程学院首次开展针对专业学位研究生的国外实习（2011年）

10. 中美联合毕业设计及毕业答辩（2011年）

11. 同济师生前往法国路桥大学参加学术交流（2011年）

12. 同济师生赴新加坡、马来西亚访学交流（2012）

13. The 26th KKHTCNN Symposium on Civil Engineering（2013年）

14. KAIST-同济暑期夏令营合影（2013年）

15. 第三届新加坡、马来西亚暑期学校活动（2016年）

16. 同济交通第一届日本暑期学校活动（2018年）

17. 同济大学学生意大利暑期学校（2023年）

18. 同济大学土木工程学院泰国暑期学校（2023年）

19. 第四届土木工程防灾减灾青年学者学术会议（2023年）

20. 奥地利-德国暑期学校（2023年）

21. ILEE 暑期学校（2024年）

22. 慕尼黑工大-同济大学联合土木营（2024年）

23. 德国三校师生团联合访问土木工程学院（2024年）

第十八章 土木文化
育人为本的文化氛围

CHAPTER 18

CULTURE IN CIVIL ENGINEERING: CULTIVATION ORIENTED CULTURAL ATMOSPHERE

扎根中国大地建世界一流大学，应当从中华优秀传统文化中汲取智慧和营养，推进文化传承和创新。同济土木工程学科在百年发展历程中形成了以"兼容并蓄、求实创新"为核心的同济土木精神和土木文化特征。

2011年，同济大学新的土木工程学院院徽揭晓。院徽的创意灵感源于"匠人营国"，象征广义的营造活动，土木工程学院的学科门类简而言之即是"营造"——筑土为屋，架木为桥。标志形式上借鉴中国古代的"关防"（印章的一种），代表"责任"和"权威"；"土木"二字与"城"内"建筑"巧妙融合。

多彩文化 陶冶情操

1. 土木学子庆祝百年校庆（2007年）

2. "回归传统，迷游红楼"灯谜游园会（2009年）

3. 建筑工程系退休老教师合唱团（2011年）

4. 土木工程学院"涂歌沐舞·同行济梦"迎新晚会（2013年）

5. 交通运输工程学院本科毕业生毕业晚会（2013年）

6. 土木工程学院毕业晚会（2013年）

7. 土木工程学院研究生新年晚会（2013年）

8. 研究生书画摄影大赛（2014年）

9. 2013级新生杯辩论赛（2014年）

10. "音为梦想"迎系科百年十大歌手比赛（2014年）

11. "醉情樱花季"（2014年）

12. 土木工程学院师生合唱团获得全校合唱比赛一等奖（2019年）

13. 土木工程学院院史馆建设（2019年）

14. 开展同济土木系科成立105周年系列活动（2019年）

15. 土木工程学院举办"恰是百年风华正茂"庆祝建党百年情景式故事会（2021年）

16. 土木工程学院荣获"永远跟党走"庆祝中国共产党成立100周年师生合唱比赛一等奖（2021年）

17. 交通学院领导走访慰问老教师

18. 嘉定校区中德文化交流日暨花园啤酒夜活动（2022年）

19. 交通运输工程学院举办2022年寒假留校学生新春慰问活动（2022年）

20. "济·未来"同济大学土木工程学院2023届毕业歌会（2023年）

21. 土木工程学院依托"一站式"学生社区开展驻楼导师工作站活动（2024年）

22. 土木工程学院举办2024年寒假留校学生新春慰问活动（2024年）

23. 同济土木学子参加美国ASCE太平洋赛区土木工程竞赛并获得13个奖项（2024年）

24. 土木工程学院毕业市集活动（2024年）

25. 土木工程学院参加同济大学庆祝中华人民共和国成立75周年师生合唱比赛（2024年）

体育运动 强健体魄

1. 龙舟赛
2. 第一届"富煌杯"篮球赛闭幕式
3. "桥梁杯"乒乓球比赛
4. "海宏杯"研究生篮球赛（2014年）

5. "强劲地基——土木杯"足球赛（2014年）

6. "土木杯"篮球赛（2021年）

7. 土木工程学院新生嘉年华（2023年）

8. 土木工程学院教职工代表参加校运动会拔河比赛（2023年）

9. 土木工程学院辅导员参加上海高校辅导员团队拓展活动（2023年）

勇担责任 关注社会

1. 第五届土木工程学院辅导员论坛

2. 红色故事进社区活动

3. 重温入党誓词

4. 参观中国共产党创建史图片展

5. 交通协管活动

6. 世博志愿活动倡议书

7. 学生校园义卖活动

8. 校园交通安全服务支队

9. 土木工程学院学生到上海市昆明学校作讲座

10. 感恩邮递员

11. 上海世博会志愿者

12. 2018年7月1日，与一大会址纪念馆在西藏农牧学院共建基地，将党史教育送上雪域高原

13. 2021年7月，举办《"同济：永不褪色的记忆"红色交通档案》主题展

14. 福建"松溪县助学计划"捐赠仪式（2021年）

15. 2021年5月31日下午，同济大学交通运输工程学院与嘉定区有关部门共同打造的嘉定公交9路"星火专线"首发

16. 地铁车站志愿服务

17. 爱心募捐

18. 志愿者开展上海地铁志愿服务工作（2023年）

19. 志愿者开展院史馆讲解工作（2023年）

20. 土木学子在云南云龙支教（2024年）

情系校园 反哺教育

1. 光华教育基金会捐赠暨授予尹衍樑博士名誉教授仪式

2. 同济大学精工——沈祖炎奖学金、助学金捐赠仪式合影

3. "京川"奖学金颁奖仪式合影

4. 文远——工民建77级、78级奖学金颁发仪式合影

5. 同济大学-富煌集团奖学金颁奖仪式合影

6. 上海市工商联房地产商会"青年建设才俊助学金"年度发放仪式

7. "王肇民奖学金"及"金海""巨匠""巨力""云南建工"奖助学金颁奖仪式合影

8. 岭南同济校友交通助学金颁发仪式

9. "畅联物流助学金"签约仪式

10. 英达公路循环经济奖学金颁奖仪式

11. 设立通正讲席教授

12. 同济大学黄金枝土木建筑奖研金、奖学金捐赠签约仪式

13. 土木系科90周年庆交通校友座谈会（2004年）

14. 2013年首届同济佩昆交通人才基金颁奖仪式

15. 64届工业与民用建筑专业毕业50周年合影（2014年）

16. 2017年同济大学首届杨佩昆奖学金颁奖仪式

17. 2018年毕业10周年的交通运输专业08届毕业生合影，他们设立了同心助力奖学金

18. 同济大学2020年京川奖学金、奖教金颁奖典礼

19. 2020年岭南同济校友交通助学基金颁发仪式

20. 同济大学晏克非交通发展基金

21. 杰出校友访谈

22. 阳光城集团上海公司总经理宋友强校友作演讲

23. 58届工业与民用建筑专业校友返校合影

24. 百年土木庆典

25. 同济大学交通学科106周年、交通运输工程学院20周年纪念活动

26. 同济大学110周年校庆期间举办校友返校活动

27. 工民建79级同学入校40周年团聚合影

28. 结构工程85级同学毕业30周年返校合影

29. 建筑结构专业83级毕业20周年庆典合影

30. 2019年土木系科成立105周年校友高峰论坛，土木工程学院校友分会于2015年5月成立，是同济大学较早成立校友分会的院系之一

31. 根据李国豪老校长生平创作的舞台剧《国之英豪》剧照

32. 2020年5月13日，同济大学交通校友会第二届理事会第三次会议合影

33. 同济大学铁道与磁浮科普实践教育基地被认定为"全国铁路科普教育基地（2021—2025年）"（2020年）

34. 依托土木工程学院院史馆，同济大学李国豪科学家精神教育基地入选2023年度全国科学家精神教育基地（2023年）

后记

同舟共济
驶向未来的宏伟目标

AFTERWORD

**SAILING TOGETHER TOWARDS THE FUTURE:
APPROACHING TO THE GRAND GOALS**

  十年树木、百年树人。一百多年来，同济土木人牢记"同舟共济"的校训，兼容并蓄，求实创新，保持着强劲的发展势头。人才培养、科学研究、社会服务、文化传承和国际交流等各项工作都不断取得新的进展和突破。

  百十土木，继志图新。回眸过去，同济土木给予土木人的是取之不尽的"财富"和"营养"，是坚实的基础，也是继续奋进的动力。展望未来，同济土木人肩负的是责任，满怀的是希望。

  "乘扁舟而济者，其身也安；粹大道而动者，其业也美。"同济土木将在继承中创新，在创新中发展，迎接更加美好的未来。